紅色歷程

中國國家歷史

人民东方出版传媒
People's Oriental Publishing & Media
東方出版社
The Oriental Press

指导专家：（按姓氏笔画排序）

卜宪群	王子今	史党社	任鹏杰	刘克明	齐吉祥
苏　浩	李月琴	李宏图	李继锋	吴小晴	余桂元
沈海涛	严海建	张　进	张　诚	张建华	张连红
陈　洛	陈　理	陈仲丹	陈红民	陈祖洲	陈晓律
陈谦平	周巩固	赵亚夫	胡阿祥	祝宏俊	徐　坚
徐卫民	梅雪芹	葛剑雄	彭　卫	廖晓晴	翟金明

主　　编：刘　军

本册主编：郑宇明

目录 CONTENTS

国家记忆

“文明间的对话”——神奇的莫高窟第 285 窟 / 张元林 005

史海拾贝

波斯帝国三大古都 / 陈仲丹 025

故宫里的三国世界 / 纪希萱 036

新拉纳克：苏格兰工业乌托邦的试验田 / 赵博 054

极地噩梦——1845 年富兰克林探险队北极悲剧之旅 / 崔朝勇 068

邮票上的中非友谊——1949 年至 1978 年 / 苏芃芃 084

历史探索

十件器物看刘贺跌宕的一生 / 杨全　周里玲 107

明清时期福建的疫情防控 / 陈晓芬 122

专题叙事 · 地方史

天下难寻，水晶晶南浔 / 吴蒋伟 141

十二圩两淮盐务总栈考 / 巫晨 163

士人交游与嘉道时期长沙府人才群体的形成 / 王毓伟　彭露 187

国家记忆

中國國家歷史

飞天（莫高窟第 285 窟西壁龛内，孙志军 / 摄）

伎乐飞天（莫高窟第285窟南壁，孙志军/摄）

童子飞天（莫高窟第 285 窟南壁，孙志军 / 摄）

"文明间的对话"
——神奇的莫高窟第 285 窟

文 | 敦煌研究院 张元林

著名学者季羡林先生评价敦煌在古代东西方文化交流中的作用时说过这样一段话："世界上历史悠久、地域广阔、自成体系、影响深远的文化体系只有四个——中国、印度、希腊、伊斯兰（注：这里的伊斯兰，是季羡林先生所说的'波斯、阿拉伯伊斯兰文化体系'的简称），再没有第五个；而这四个文化体系汇流的地方只有一个，就是中国的敦煌和新疆地区，再没有第二个。"如果有人问今天的敦煌石窟中哪一个洞窟可以为季先生的这段话作注的话，那再也没有比营建于西魏时期的第 285 窟更适合的了。

在敦煌石窟中，莫高窟第 285 窟堪称代表之作。它是敦煌早期石窟中唯一有确切纪年的洞窟，约完工于西魏大统四年、五年，也就是公元 538、539 年左右。该窟主室平面呈方形，东西进深约 6.4 米，南北宽约 6.4 米，面积约 40 平方米，壁画面积约 200 平方米。让我们惊讶的是，小小斗室之内，它竟然能呈现那么多令我们心醉神迷的神灵形象。该窟壁画题材多样、内容丰富，也是敦煌石窟艺术的代表性洞窟之一，以表现佛教的佛、菩萨形象为主，同时又有中国传统神话中的神灵形象如伏羲、女娲、雷公以及祥瑞动物和异兽等形象，还有带有浓厚中亚、印度、波斯甚至希腊艺术印记的佛教护法诸神如日天（菩萨）、月天（菩萨）、摩醯首罗（大自在天）、鸠摩罗天（童子天）、毗那耶伽等形象，可谓多元文明交汇。在人物造型上，既有西域式晕染“凹凸法”，又有来自南北朝的“褒衣博带”“秀骨清像”式风格。第285窟所绘的这些佛教护法诸神形象上体现出的浓郁西域文化特色的艺术因素，究竟来自何处？又是谁将它们带来？它们那独有的图像特征为什么只昙花一现般地出现在第285窟，之后就再也不见踪影？……一百多年来，中外学者们从不同角度进行了多方位的探究和溯源，为我们透过纷繁的艺术表象，在更为广阔的

图1-1　莫高窟第285窟内景（敦煌研究院 供图）

历史和文化背景下进一步认识该窟艺术元素来源的多元性及隐藏其后的历史真实提供了可能。这个洞窟是敦煌石窟中最经典的、能反映多种文明在敦煌的交融，又自成一家的一个洞窟。

首先，从绘画技法和人物造型风格来看，第 285 窟的壁画艺术汇集了中原—南朝艺术风格与西域风格。以人物形象为例，该窟西壁的人物造型脸庞圆润，鼻梁挺直，上身裸露、下着长裙，采用层层迭晕的晕染方法，为典型的西域式风格；而其余壁面的人物形象面相清瘦，身材修长，衣袍宽大，衣带飘举，采用平涂式晕染，为典型的"褒衣博带""秀骨清

图 1-2　"秀骨清像"式菩萨（莫高窟第 285 窟北壁，西魏）

像”式的中原—南朝式风格。285 窟开凿的年代，正值南北朝时期，中原，特别是南朝士大夫的形象被直接反映在壁画上。

其次，从神灵形象的图像来看，该窟在表达同样的主题时采用了两种截然不同的图像模式。这一点，集中地反映在这个洞窟中的日、月神图像上。关于日月的神话在任何一个民族、任何一个文明形态中都是永恒不变的话题。佛教文明也是这样，把日、月纳入了它的佛教神灵体系中。在第 285 窟中，西壁用日轮中乘马车的主神加上乘凤车图像与月轮中乘鹅车的主神加下方力士乘狮车的组合来表现日天和月天。与此同时，又在窟顶东披绘出中国传统的日、月神即伏羲、女娲的形象。

在西壁南侧的最上部，有一条蓝色的长方形条带，条带内自南向北依次绘有一个白色圆轮和六个白色椭圆形轮，内各画有一身人物形象，表现的是日天（菩萨）及其眷属。日天头有光，着高髻，双手合十，呈正面向，端坐于一驷马二轮车中。驷马两两相背，分别于车厢两端。在日天的圆轮下面，画一辆三只凤鸟拉的日车，向中央龛的方向疾速奔跑。车上有两力士，一前一后，其中前者一手持一人面盾牌，一手高高扬起，作驾车状；后者高举双手，似用力托着上方日轮。在中国传统文化中凤凰就是太阳神的符号，凤凰、朱雀都代表太阳，代表火，就是说把中国文化中的对于太阳、对于火的理解，跟骑着马的这种非中国文化符号的表现日神的元素，两个结合起来，这种图像，世界上也是绝无仅有的。关于乘马车的日天图像的来源，主流意见认为它来源自印度教的太阳神苏利耶的图像。类似的乘马车的太阳神苏利耶的雕刻，从公元前 3 世纪到公元 19 世纪的印度大量存在，其中最有代表性的是雕刻于公元前 1 世纪左右的菩提伽耶围柱上的太阳神苏利耶浮雕。但进一步追根溯源，我们就会发现，第 285 窟日神图像甚至保留着古代希腊—罗马艺术的元素，如制作于公元 1 世纪古罗马帝国时代的一尊皇帝等身陶像的铠甲胸饰

图 1-3　日天及诸神（莫高窟第 285 窟，西魏大统三年即 538 年左右）

图 1-4　驷马车上的太阳神阿波罗（美国耶鲁大学艺术博物馆藏，公元 1 世纪）

图案上，罗马神话中的太阳神阿波罗也是驾着驷马“两两相背”的太阳车。这种日神图像在亚历山大东征之后的“希腊化”进程中传播至西亚波斯和中亚地区，并成为祆教的密特拉神图像的构成部分。其后又在犍陀罗地区成为佛教的日神图像之一，并经中国的新疆地区传入敦煌。在这里，又加上了中国文化中象征太阳的神鸟凤凰的形象。

在西壁北侧上部与日天对应位置也有一条蓝色的长方形条带，条带内自北向南画有一个圆轮和七个椭圆轮，表现的是月天及其眷属。月天位于画面最北端的圆轮内。由于画面剥落严重，现仅能看到一身人物，呈正面坐姿于一两轮支撑的车厢内，双手交叉于胸前，车轮南侧还残存两只鸟头和翅膀部分。在绘有月天的圆轮下面，由三只狮子牵拉着一辆车，车厢内有二身力士，一前一后，后者高举双手，作托月天状。与日天不同的是，乘天鹅的月神图像，不论在印度教文献还是雕刻中，都没有发现，但在印度以外的地区，如敦煌、阿富汗巴米扬石窟中均可见到。女神或阴性神与天鹅相伴的作品，最早见于苏美尔文明遗存中，如现藏于耶路撒冷考古博物馆的一件制作于公元前3000年左右的陶土制苏美尔

图1-5　月天及诸神（莫高窟第285窟，西魏大统三年即538年左右）

图 1-6 坐在天鹅背上的苏美尔女神（耶路撒冷考古博物馆藏，公元前 3000 年左右）

图 1-7 坐在天鹅背上的美神阿芙洛狄特图案彩陶罐（德国柏林博物馆岛老馆藏，公元前 400—公元前 350 年）

女神像即坐在两只"两两相背"的天鹅背上。在希腊古典雕刻中的美神阿芙洛狄特及罗马雕刻中的美神维纳斯等女神也常以天鹅为坐骑，如一件出土于希腊阿提卡的彩陶罐上就绘着坐在天鹅背上的美神阿芙洛狄特的图案。再看月轮下方的狮子拉的月车，我们知道，佛教里面文殊菩萨骑狮子，但是我们在早期的印度佛教艺术中找不到骑狮子的文殊菩萨。目前发现最早的骑狮子的文殊菩萨在中国，有学者就认为文殊菩萨骑上狮子是在中亚地区，就是佛教向东传播过程经过中亚地区，吸收了中亚地区女神信仰。女神和狮子结缘最早见于古巴比伦文明中，如一件大英博物馆所藏古巴比伦时期的浮雕黑夜女神作品，她两侧有两个猫头鹰，象征了她的黑夜女神身份，她的脚底下就踩着两只相背而卧的狮子。其后的希腊神话中有一个城邦守护女神库柏拉（Cybele，或称希柏拉），她

图 1-8　脚踩双狮的黑夜女神（大英博物馆藏，公元前 1800 年左右）

的车子就是由狮子所拉。现藏于美国纽约大都会美术馆的一件出土于罗马的铜狮车上就坐着城邦守护女神库柏拉。这一图像甚至东传到了遥远的帕米尔高原西边山脚下阿富汗的阿依哈姆古城。在这座古城遗址发现的一个公元前 2 世纪的鎏金银盘上也出现库柏拉乘坐着由两只狮子牵拉的车子出行的画面。这一现象甚至跨过高原向东，除了敦煌第 285 窟，在一件现藏于日本 MIHO 博物馆的中国北齐时期的入华粟

图 1-9　坐在双狮车上的库柏拉女神（美国纽约大都会美术博物馆藏，公元 2 世纪后半叶）

特人石棺床围屏浮雕上，头戴花冠，左右两手分举日、月的娜娜女神的坐骑即为一对狮头象征的狮子座。

图 1-10　鎏金银盘（阿富汗国家博物馆藏，公元前 2 世纪）

本窟另一幅融汇多元文明的壁画为摩醯首罗天图像。在西壁主龛与北侧小龛之间的壁面上绘有头戴宝冠，三面六臂，骑在青牛背上的摩醯首罗天形象。摩醯首罗天原为印度婆罗门教三大主神之一的湿婆神，后被佛教吸收，成为佛教重要的护法神，被列为天部，名“大自天”。关于其形象，佛教经典多有描述，如《大智度论》卷二曰：“摩醯首罗天，秦言大自在。八臂三眼，骑白牛。”这一形象在中国境内的丝绸之路沿线佛教寺院和石窟寺遗址如库车、和阗、敦煌、云冈石窟等地皆有发现，有三面六臂、三面四臂等不同造型，多为三面六臂者。其总体特征与其印度教中的湿婆神图像相符。敦煌的摩醯首罗天图像在洞窟壁画、藏经洞所出绘画

图 1-11　狮子座上的娜娜女神
（日本 MIHO 博物馆藏，北齐）

品中均可见，多出现于密教类的观音或文殊菩萨的经变画中，最早者约6世纪前半期，最晚至11、12世纪，而以第285窟的这身为最早。其三面中，正面相为天王形，右侧一面为菩萨形，左侧一面为夜叉形。头冠中绘有一身手执风巾的风神形象。作为印度教的三大神之一，湿婆神及其前身鲁多罗专司暴雨雷电，因此也兼具风神的功能。其图像的特征之一就是以公牛为坐骑。不过，现存的多例古巴比伦王国时期（约公元前3500—前729年）的以公牛为坐骑的风神图例，却为我们重新思考巴克特利来—粟特地区这一类风神图像提供了另一种可能。现藏于芝加哥大学博物馆的一件约制作于公元前2000年—公元前1600年间的古巴比伦王国时期的陶土浮雕板上，就清晰地塑造出一身左手执二股叉，站立于一头公牛背上的风暴神形象。与上述风神图像相类似的站立于一头公牛背上的风暴神形象还可见于以色列国家博物馆所藏的三枚约制作于公元前2000年—前1000年间的古巴比伦时期的圆筒形印章上。这些实物资料表明，早在古代两河流域和安纳

图1-12　摩醯首罗天（莫高窟第285窟西壁，西魏）

托利亚地区的古老神话中，公牛形象和三叉戟就已经是风暴神图像的“标配”元素了。以湿婆神形象出现的风神图像，在印度贵霜王朝时期的钱币背面都可见到。湿婆神不仅是印度教的风暴神，同时还是波斯—中亚地区流行的琐罗亚斯德教（祆教）的风神。20 世纪 60 年代，人们在今塔吉克斯坦片治肯特城东南古代粟特遗址的壁画碎片中拼接出了一身身穿甲胄，三头四臂，上臂分执弓和三叉戟的形象，与印度教的湿婆神十分相似。尤其引起人们注意的是，在其腿部右下侧人们发现了一则粟特语题名“Veshparkar”，即“风神”之意。由此，我们知道了与摩醯首罗天形象相似的形象同时也是祆教的风神。与前述片治肯特粟特人遗址发现的三头三目、手执三叉戟的风神韦什帕克图像相似的形象也见于西安发现的北周大象二年（公元 580 年）的粟特人史君墓石椁浮雕中。其形象虽为一面，但手握三叉戟，坐于三头牛背之上。在其圆形光环外两侧，各有一天神分执风巾一端，以进一步强调其风神身份。而前述第 285 窟摩醯首罗天头冠中所绘的手执风巾的风神形象呈“深目高

图 1-13 古巴比伦风暴神（美国芝加哥大学博物馆藏，公元前 2000—公元前 1600 年）

鼻”的中亚胡人形象，嘴角有短髭。其头部和双手从摩醯首罗天的头冠的花冠中伸出，双手紧紧执着一条圆弧状的风巾的两端。这样的手执风巾的风神形象，在新疆库车石窟群中多见到。再往西，在阿富汗巴米扬石窟第 155 窟天井壁画的两侧也各绘有一身头戴高尖帽、双手执风巾的风神形象。再往北、往西，同样在贵霜王朝时期的钱币背面也出现了多例具有希腊人面相、手持风巾奔跑着的风神形象。在前述希腊、地中海文明的女神和海神图像上也可见到这种风巾。可见，第 285 窟的摩醯首罗天形象，实际上至少糅合了两种完全不同类型的风神的图像元素。

有意思的是，在巴黎吉美博物馆收藏有一件出土于阿富汗贝格拉姆古城窖藏的彩绘玻璃杯，约制作于公元 1 世纪的希腊化时期。杯上绘有古希腊众神之王宙斯神先后化作风暴神和老鹰攫取美少年、特洛伊王子

图 1–14　风神韦什帕克（史君墓石椁浮雕，西安市博物馆藏，北周大象二年）

加尼米德前往奥林匹斯山的场景。画面上宙斯化现的风暴神不仅骑于牛背上，而且双手皆执着曳满风的呈弧形风巾。一个在阿富汗，一个在敦煌第 285 窟，两者距离相差数千公里，时间相差 500 多年。这两种风神的图像特征跨越时空再一次“顽强”地结合在一起了。这不能不令人惊叹！这种看似“偶然性”实际上反映出，公元前 4 世纪的亚历山大东征及其后亚洲腹地的长期“希腊化”对中亚、西亚地区的影响十分持久，而东西方文明的交融也得到了充分的印证。

最后，我们再来看看第 285 窟窟顶东披的伏羲、女娲图像。在窟顶东披正中绘一硕大的莲华摩尼宝珠，其两侧各绘一身人首、龙身的形象。一身手里执圆规，另一身分别执拿矩尺和墨斗，这就是中国传统神话中的的人文始祖伏羲、女娲形象，所谓“规天矩地”。伏羲、女娲也是中国传统神话中的日神、月神。其腹部圆轮中当初分别绘有太神鸟和蟾蜍，惜现已模糊不清。作为中国传统神话中的主神之一，这一对图像在甘肃河西地区的汉晋时期墓葬中大量出现，以保佑死者的灵魂速登仙界。但在第 285 窟，伏羲、女娲已经由中国传说中的“创世之神”摇身一变，成为佛教西方净土阿弥陀佛的两个胁侍菩萨“一名宝应声，二名宝吉祥”，从天上来到人间，为黑

图 1–15　彩绘玻璃杯（法国吉美博物馆藏，公元 1 世纪）

图 1-16　伏羲、女娲（莫高窟第 285 窟窟顶东披，西魏）

暗中的苍生造日月星辰。可以看出，佛教巧妙地利用了它们各自原本的日、月神之格。在他们的下方，我们看到长着翅膀像鹿一样的神鹿，那是中国神话中的飞廉、雨师——雨神。此外还有朱雀、开明神兽等中国传统神话中的瑞兽形象。

第 285 窟的这些神灵形象上的图像元素，从宗教背景上看，既有中国传统神话和道家信仰的元素，又有着印度教、祆教甚至巴比伦神话的烙印；从地域上看，横跨了中国的南北方、印度、中亚、西亚、古代两河流域乃至环地中海地区。那么，是谁将它们带入敦煌，成为 285 窟艺术内容的一部分呢？显然，这样多元的图像组合，绝对不可能出自敦煌本地画师，或者单纯来自中原、南朝的艺术家，或者直接来自印度教或佛教背景的印度僧人或艺术家。能创作这样图像的人，必须既要熟知中国文化传统、印度教艺术、佛教艺术的相关背景，同时还要对祆教艺术中表达相同理念的图像模式有深入了解与体会。那么，究竟是什么样的人呢？本窟的其他图像和供养人题铭暗示着这一图像的中亚—粟特来源的可能性。出土文物和相关研究也表明，早在西晋—北朝时期，敦煌、河西地区都有粟特人及其聚落存在，如武威的安姓、张掖的史姓等。1907

年英籍匈牙利人斯坦因于敦煌附近长城烽燧发现了五封写于4世纪初的"粟特文古信札"，这些古札中提到了粟特商队以凉州（武威）为大本营，沿着敦煌—张掖—武威—金城，一直到洛阳一线经商贸易的情况。第285窟北壁中部通壁绘有七铺说法图，每铺说法图下部均画有供养人行列。除西起第一铺均为女供养人外，其他六铺中皆为左右对称的男、女供养人行列。着世俗装的男供养人均上着圆领窄袖的胡服，束腰带，下着裤褶，着乌靴，着世俗装的女供养人则都无一例外地身着上为交领大袖襦、下为间色条裙的汉式装。从男女供养人的对称排列来看，这六铺说法图当是以家庭为单位出资绘制。每身供养人侧皆有榜题。其中，第二铺、第五铺和第七铺这三铺供养人行列中的第一身男、女供养人及其榜题尤其具有特殊意义。这三铺供养人榜题分别为：（1）"清信女史崇姬所供养时"—"信士阴安归所供养时"；（2）"清信女丁爱供养佛时"—"清信士滑口安供养"；（3）"清女何口"—"清信士滑黑奴供养"。其中，"史崇姬""清信女何口"当分别来自粟特"昭武九姓"中的史国、何国，"滑黑奴"和"滑口安"当是与粟特人关系密切的嚈哒人（滑国人）。我们可以推断这些图像的绘制者中，既有来自当时中国的北方、南方地区，又有来自于中亚—粟特地区的画师。

自公元前4世纪古希腊马其顿国王亚历山大东征200多年的"希腊化"进程，给亚洲腹地造成了深刻的影响。我们知道，印度原始佛教艺术中，并没有佛的形象，而是用圣树、佛的足迹或莲花来代表佛。到公元前2世纪左右，在西北印度的犍陀罗地区，希腊的人体美艺术和印度的"出世"理想很巧妙地糅合在一起，产生了大乘佛教艺术中的佛像和菩萨像。之后又向南传到印度本土，产生了秣菟罗艺术和后来的笈多艺术。再经过海上丝绸之路，传到今天东南亚一带。向北、向东经过中亚地区包括阿富汗，到中国新疆经过河西走廊一路向东穿越中原大地，最后到朝鲜半岛，到日本列岛。所以，佛教文明就是在多种元素的助推下，在它的偶像的光辉遮蔽下，成为整个古代世界亚洲东部很重要的一个文化形态。汉武帝时期，汉朝设立了敦煌郡等“河西四郡”，并分别在敦煌的西北部和西南部设置了玉门关、阳关，敦煌成为中国通往西方各国的门户。此后一直到公元 14 世纪海上丝绸之路逐渐取代陆上丝绸之路的 1600 年间，敦煌一直是汇集不同民族和文化的国际性都市，具有联结东西文明的独特的地理和文化地位。成书于公元 5 世纪中期的《后汉书·郡国志》里，在追述两汉时期的敦煌时称其为“乃华戎所交一都会也”；成书于 6 世纪中期的《魏书·释老志》中也有这样的描述：“敦煌地接西域，道俗交得其旧式，村坞相属，多有塔寺。”莫高窟第 285 窟丰富多样的壁画艺术正是这样一个历史真实的形象反映。

正是来自不同文明和各种艺术元素，在同一种信仰观念的感召下，汇聚在一起，最终造就了 285 窟这一交融着多种文明神祇的艺术宝库。从这个意义上讲，第 285 窟又是历史上不同文明之间对话的产物。莫高窟第 285 窟壁画艺术呈现出的丰富性和多样性，使得我们今天可以追溯、拼合中古时代曾经发生在“丝绸之路”上的一幅幅画面，从而有助于我们认识历史上“丝绸之路”沿线的不同文化之间的相互交流和融汇所具有的渐进性、多向性和多层次性特质，也给予今天的我们以宝贵启示：同在人类文明的历史长河中，不同文明、不同宗教完全可以和睦相处，共荣共存。

［注：本文系甘肃省文物局文物保护科学研究课题“敦煌石窟日神、月神图像调查与研究”（编号 GWJ201816）的阶段性成果之一］

史海拾贝

波斯波利斯王宫遗址

位于克莱德河畔的新拉纳克纺织厂（赵博 / 摄）

新拉纳克水能驱动的纺织机（赵博 / 摄）

波斯帝国三大古都

文 | 南京大学　陈仲丹

波斯帝国是两千多年前兴起的一个庞大帝国，存世两百多年，灭亡于公元前 330 年。在其国势兴盛时，它统一了辽阔的西亚，并将势力伸展到中亚和北非。“波斯”作为现存国家的国名已不再使用，其当年统治的核心区域即是今伊朗的国土。1935 年伊朗政府正式请求各国政府停止使用“波斯”旧国名，改用“伊朗”。伊朗意为“雅利安人的国家”，比波斯（原为一强大部落名）更能反映这块土地的文化内涵。这一新国名立即被世界各国接受，沿用至今。不过如回首往事，能让伊朗人为之神往的仍是过去国势鼎盛的波斯帝国时代，尤让人难忘的是当年波斯帝国的三大古都。这三个古都主要是在波斯开国君主居鲁士以及后来与居鲁士不同支系的国王大流士一世统治时建造的。

最早的古都帕萨加迪

游人在伊朗旅行，由首都德黑兰南行便到了法尔斯省。这里是古波斯帝国的发祥地，最早的都城帕萨加迪就位于法尔斯省会设拉子市东北约 80 千米处。它的建造与居鲁士有关。据古希腊地理学家斯特拉波所说，帕萨加迪是居鲁士在打败米底人后为庆祝胜利而兴建的城市，后来大流士一世又继续修建。

1961 年英国伊朗研究所的考古学家在这里进行了系统发掘，发现帕萨加迪的宫殿建在高大的人工台基上。台基以浅色砂岩建成，外观犹如大理石。这座宫廷的第一座建筑是神庙，这里原有两个亚述式样的有翼人首牛身巨形石雕，现已无存，只在一堵墙上留下了装饰性石刻。石刻是高大的四翼神像，身体扁平，身着考究的裙装，戴着复合型的埃及式样王冠，肩部的侧影和圆花饰造型带有希腊风格，神像面部短而卷曲的胡须是波斯人式样。雕像上刻有三种文字的铭文："我是居鲁士，阿黑门尼德王朝国王。"有人据此认为他就是居鲁士本人。在宫廷北面有觐见宫，是一个四面被柱廊环绕的长方形大厅，长 70 米、宽 30 米，堪属帝国规模，其平顶由八根柱子支撑，四面为露天柱廊。

在宫廷区南面有一座重要建筑，这就是居鲁士大帝的陵墓，目前独自耸立在被低矮山丘环绕的平地上，由石块砌成，规模并不大，式样也显得朴素无华。编年史家曾提到居鲁士墓旁"草长得很高"，有一片"长着各种树木的树林"，为使植物保持翠绿芬芳，水通过石头水渠流入由整块大石凿成的方形水池。据古典作家记载，亚历山大大帝经过陵墓时还看到了居鲁士的遗体，他穿着华丽的衣服，躺在灵柩中，周围有金器和其他贵重物品，而今天的居鲁士王陵内已空空如也，只剩下一丘石头空冢供人凭吊。19 世纪早期西方人里奇来到这里写下了他的印象："遗迹

图 2-1　居鲁士墓

图 2-2　1971 年，伊朗在居鲁士墓前举行波斯帝国建立 2500 周年庆典

庄严神圣的外表立刻使我感到敬畏。我坐在台阶上沉思近一个小时，直到月亮升起。我开始认为它事实上一定是那位最好的、最杰出的且最有趣的东方君主的墓。”1971年伊朗举行古波斯帝国建立2500周年大庆时，第一项仪式就是凭吊这座王陵。

帕萨加迪作为波斯帝国最早的大型宫廷建筑，参与建设的有波斯、巴比伦、亚述和希腊各地来的工匠，由此培养出了一个工匠流派。他们的建筑风格后来在波斯波利斯、苏撒的宫廷建筑中得到充分的展现。这一流派的特点是开放，体现出兼容并包的精神，在文化交流中坚持以本民族文化为主，不忘吸收、融汇其他民族的优秀文化，善于采用被征服地区的艺术形式来宣扬波斯的伟大和强盛。总的来看，帕萨加迪的少量古迹遗存更多体现的是对各地建筑风格的综合，表现出折中主义的建筑特色，比如细高的石柱带有北方传统，宫殿平面布局采用的是小亚细亚古国吕底亚的工艺，而部分双廊柱又受到希腊围柱式建筑的启示。

天堂之城波斯波利斯

波斯波利斯是为显示帝国强盛而建的宫殿，因其规模盛大，也被当作王城。这个地名来源于希腊语，意思是“波斯城”。它坐落在设拉子东北约60千米处。有人认为，波斯统治者建造这座城市，是为了体现古波斯神话中天堂在人间的表述，故而它也号称“人间的天堂”。

波斯波利斯兴建于公元前520年至前515年，是在大流士一世统治时建成的，其子薛西斯统治时增建了一些建筑。这座王城初建时帕萨加迪刚建好不久，且正在使用。大流士一世为何又要修建新宫呢？有可能他是继承古代西亚王室的传统，按照旧规，与原有王室不同族的新国王登基后，大多要离开旧都城，另建新都，以显示自己的伟大。波斯波利斯的地基面积有13.5万平方米，在地基下挖掘两千多米长的排水渠道。整座宫殿被43堵平均高约18米的石墙分割成不同区域。这些石墙不用灰浆砌，而是用铁钉和铅钉锁牢石块。整个宫殿除一些附属设施外，主要部分有中央大厅、百柱厅、国王寝宫、后宫、国库、营房等，各部分连成整体，曾是世界上规模最大的整体封闭式石头建筑宫殿。每个区域的门廊及两侧墙面都有精美的浮雕，堪称世界浮雕艺术博物馆。

波斯波利斯宫殿的觐见厅是国王接见文武官员和外来使臣的地方，可容纳数千人。举行正式仪式时，队列可能是向着位于中心的国王呈同心圆环状排列。厅内有36根大理石柱，纵横各6根。厅内还有4个用作守卫的塔楼。塔楼和柱廊墙面都贴着彩色琉璃砖和黑白两色大理石板。大厅内的梁枋包着金箔，墙上满布壁画，灿烂辉煌。

图2-3 波斯波利斯王宫柱头公牛

在宫殿百柱厅遗址的柱基下曾发现一个石匣，内藏金版、银版铭文两块。铭文说明百柱厅是大流士一世下令所建。百柱厅是举行盛大仪式的场所，传说一共10排纵横各有10根柱子共百根，故有此名。整个大厅呈正方形，面积3600平方米，中有36根擎顶石柱，东、北、西三面为回廊，各有12根擎顶石柱，共计72根石柱，现残存13根。每根石柱高19米，用整石雕成。石柱柱体为希腊风格，约有半米高的石柱底座与地基由整体凿成，石柱立于其上，牢实坚固。最让人叹为奇迹的是柱顶石雕，每个柱顶石雕单独用整石雕成，重约 14 吨。柱头自下而上由覆钟、仰钵、涡卷和一对背对背跪着的雄牛组成。

通往百柱厅的阶梯侧面石墙上有多组精美绝伦的浮雕，展现了印度、埃及、希腊、小亚细亚、腓尼基、巴比伦等 20 多个国家或城邦的使臣向号称"全部大陆的君王"大流士一世进贡的情景。在浮雕中，大流士一世端坐在宝座上，身后是太子薛西斯。大流士一世手持象征王室威严的黄金权杖和莲花，他面前的香炉发出沁人心脾的香气。前来朝见的不同地区的进贡人群身着不同的服饰，比如波斯人穿着普通长袍、有扣的靴子，米底人穿着紧腰男长衣、圆顶长耳风帽、有带的皮靴。其中一

图 2-4　米底官员朝见大流士一世，前有燃香，大流士右手持权杖，左手握象征皇权带两个蓓蕾的莲花

图 2-5　波斯波利斯王宫浮雕：使臣进贡

段侧墙有 23 块镶板，从中可辨认出帝国统治下的各个民族，比如牵双峰骆驼的巴克特里亚人、缠着腰布带着双头斧的印度人等。进贡的物品包括帝国统治区域内各地出产的珍品方物，比如做工精致的双耳瓶、臂钏、象牙和砂金等。另一组浮雕描绘的是帝国近卫军的雄壮队伍。还有一些石雕表现国王的私人生活，沐浴侍者手捧浴巾、香水以及驱蝇的掸子。侍者中没胡子的人大概是身穿波斯服装的异族太监。

走进宫殿大厅要经过宫门，宫门位于两座大厅之间。这个大门是薛西斯所建。从铭文中得知，薛西斯给宏伟的大门起了个意味深长的名字“万国门”，似乎暗示所有国家和民族都要通过这座门来向波斯国王效忠。守卫宫殿大门的是一对有五条腿的人首牛身带翼神兽石雕，其原型是出自亚述古国宫殿的门兽。这种动物形象对中国也有影响，是出现于我国六朝时期南朝镇墓兽（辟邪）的母本。

波斯波利斯并非波斯君主的日常寝宫，而是举行盛大仪式的场所。每逢国王的登基大典、接见各国使臣朝贡的仪式、新年庆典，国王才会移驾此地，一年只使用几个星期。

图 2–6 波斯波利斯王宫“万国之门”的守门神兽

公元前 300 年，马其顿国王亚历山大率马其顿—希腊联军灭亡了波斯帝国，将波斯波利斯烧毁，据说是为了对波斯进攻希腊时破坏雅典帕特农神庙的报复。亚历山大曾将波斯波利斯称为“亚洲最可恨的城市”。据说亚历山大到达这里时，雅典名妓泰伊斯随侍在侧。亚历山大在这里设宴狂欢，泰伊斯冲着亚历山大大叫：

陛下应该把波斯人的王宫付之一炬，以报复他们所犯的罪行。于是亚历山大第一个投出了火把，泰伊斯接着投，人们一拥而上，将王宫烧成一片火海。据历史学家普鲁塔克记述，焚烧前亚历山大动用了1000头骡子和5000头骆驼运走了宫殿国库里的财宝。

时至今日，波斯波利斯王城的建筑屋顶已坍塌，砖墙也不复存在，木头檩条和横梁早已化为灰烬，但残存的石结构部分（柱子、门窗框和台阶），尤其是精美的浮雕，仍给人们留下深刻的印象。

帝国的心脏苏撒

由波斯波利斯向西南，沿古波斯御道行走数百千米，就到了帝国的行政中心苏撒。据说早在帝国初期，居鲁士曾下令在此建王宫，但这里大规模的建设是在大流士一世时期。他下令建筑苏撒宫殿的诏令一直保存到现在。这个诏书上写着："这就是我在苏撒建立的宫殿，其装饰材料来自远方。其地基挖得很深，直达岩层。地基挖好后再用碎石填满……那些加工石料的战俘是爱奥尼亚人和萨迪斯人。那些制造金器的金匠是米底人和埃及人……那些制造砖坯的人是巴比伦人。"可见大流士一世为修建苏撒王宫差不多动用了全国的人力、物力和财力。

苏撒王宫的一个特点是装饰有大面积的彩色琉璃砖壁画，壁画图案多为王家近卫军士兵和各种神奇瑞兽。这些琉璃砖以黏土和沙石为原料制成，用火烧结成砖，然后涂上鲜艳的釉彩。考古学家认为这些琉璃砖的艺术风格明显受到两河流域艺术的影响。在两河流域早已有琉璃砖组成国王、士兵、雄狮、牡牛、鸟类等图案的艺术先例。巴比伦古城的伊什塔尔城门就是用琉璃砖砌成，上面布满动物图案，现保存于德国的博物馆。波斯人将这种艺术普遍推广，以其构成色调美丽的装饰，线条也更柔和悦目，效果近于后世的珐琅彩。由于其意象的崇高且多次重复同一题材，造成了一种富丽堂皇、让人应接不暇的视觉效果。琉璃砖中装备弓、箭袋和长矛的卫兵，脸上留着黑胡须，挂着耳环和珠宝，是典型的波斯人形象。这些琉璃砖于19世纪80年代被法国考古队发现，现存于巴黎的卢浮宫。

法国考古学家通过1973—1974年的考古发掘，已基本弄清苏撒宫殿的建筑布局：宏伟的大门、内廷、王宫、觐见厅。宫殿始建于大流士

图2-7　苏撒王宫王家近卫军琉璃砖彩釉

一世时期，完成于薛西斯时期。在大门附近发现了大流士一世身穿波斯礼服的雕像。雕像底座两侧有24个民族代表跪拜国王的雕像，每个雕像的花边上都标明了民族名称。觐见厅主要用于国王接见外国使节和臣民朝觐，由6行高约20米的柱子撑起。在圆柱顶端装饰牛头形柱顶，极其精致。圆柱的设计既有希腊风格（柱身），又有东方风格（柱顶），可以说是东西方建筑艺术的结晶。

苏撒宫殿经过大规模建设后，一直是古波斯帝国的王宫。国王大部分时间都住在这里，政府也在这里办公。波斯帝国的赋税交由苏撒的国库收藏，苏撒曾被认为是世界上最富裕的城市，以致“历史之父”希罗多德发出了由衷的感叹：“谁要是占有苏撒的财富，就可以与天神宙斯斗富。”《圣经》还记载公元前483年薛西斯在苏撒举行的一场盛宴，参加者有来自全国各地的权贵、首领，宴会持续了好几天，由此可见当时苏撒宫廷生活的奢华。

故宫里的三国世界

文｜故宫出版社　纪希萱

三国故事在中国可谓家喻户晓，不论读书的士人，还是市井的平民，都可以随口讲上一段。在识字阶层中，三国故事的兴盛应归功于白话小说《三国志演义》的问世；在广泛的底层世界里，民间信仰、曲艺、戏曲的影响则更为直接和深入。而在紫禁城的富贵帝王家，那些曾经登基坐殿的皇帝、养尊处优的妃嫔，享受着宫廷的华贵富丽，也享受着历代文人、艺人和匠人们创造的成果。三国人物既可以是他们信仰崇拜的神圣偶像，又可以是他们日常消遣的文艺明星。我们从故宫所藏的诸多文物中，可以感受到明清宫廷对三国世界的理解、钟爱甚至狂热。

三国之臣：名贤隐士诸葛亮

诸葛亮是三国故事体系中最具传奇色彩的人物之一。形容孔明一生的功绩，许多人都会不自觉地用到“鞠躬尽瘁，死而后已”这八个字。

人们对诸葛亮这种庄严崇敬的认识，从后汉三国一直延续到唐宋，官方对他的祭祀历代不绝。他的忠贞，他的智慧，他的节俭，他的用兵如神，他的仙风道骨，也在民间传说中不断被充实和深化。

出于祭祀的需要，历代都有为诸葛亮所作的画像，宋代以前的画像虽然不存，我们却可以在记载中看到它们共同的立意特点——成教化，助人伦。这样的诸葛亮，是作为后世贤臣楷模被供奉、被膜拜的。我们现在可以看到的明人所绘诸葛亮像，也有很大部分延续了这样的创作意图，如原藏故宫南薰殿的两幅诸葛亮像（因文物部门调拨，现都藏于中国国家博物馆）。这两幅画像头部的造型十分相似，表情端严神圣，体现出供奉和纪念的主旨，是我们今天见到最多，流传最广，被作为诸葛亮“正装照”所使用的两幅画像。

图 3–1　明人绘《诸葛亮像》（中国国家博物馆藏）

将有功于社稷之臣作为模范典型来纪念，从古到今莫不如此，较有名的是唐代凌烟阁功臣像、清代紫光阁功臣像等，故宫里也藏有多种历代名臣画像的册页作品。这些忠臣良将，是历史长河里闪耀的明星。在历朝历代的纪念追怀中，他们的形象被不断升华。这类形象是文艺创作最早期

图 3-2　明人绘《诸葛亮像》
（中国国家博物馆藏）

的母版。我们所关心的三国人物，也在这些早期形象的影响下不断变化和充实。

根据故宫现藏实物——元人绘《诸葛亮像》，我们看到元人的诸葛亮画像出现了“正装像”以外的休闲状态。诸葛丞相不再端严肃立，而是脱鞋盘腿，坐于榻上，衣衫宽大，甚至有点袒胸露怀。作品上虽然题写了宋人所作的《诸葛武侯像赞》，但绘画上的这一位却完全是魏晋名士风度，手里托着一柄如意，仿佛还拿着一点腔调，全没有了汉末士人那种简约务实的态度，武侯的殚精竭虑更是一点也无。大约这就是元人眼中还没出茅庐的孔明形象，潇洒隐逸胜过运筹帷幄。

其后更有名的一幅《武侯高卧图》，出于明宣宗朱瞻基之手。这位诸葛亮比东晋“东床坦腹”的王羲之还要有名士范儿，“腹”几乎“坦”到了大腿根儿，连床也没有，直接躺在竹林间的草地上，背后靠个书匣，神态安闲，若有所思。这幅画的用笔十分流畅概括，连元人精工刻意的心思也不再用，姿态和技法上皆放松恣意，把诸葛亮画成了作画人自己想要的样子。这当然也是高卧南阳未出茅庐的诸葛亮，高才之外散发着自由的天性，很符合明代乡野自由开放的风气，更符合年轻皇帝文武全才、风流倜傥的心性。朱瞻基把这幅作品赏赐给了老臣平江伯陈瑄。那一年，意气风发的宣德皇帝 29 岁，接受馈赠的平江伯 63 岁。陈瑄共事五帝，是朝堂重臣，在“靖难”之时又曾有拥立之功。宣德皇帝希望他能“追美于前贤”，把余生奉献给大明，让他的子孙也世世代代忠心辅佐大明社稷。作品中的诸葛亮形象，既是对老臣陈瑄的勉励，又像是盼望着君明臣贤、社稷高枕无忧的年轻皇帝自己。

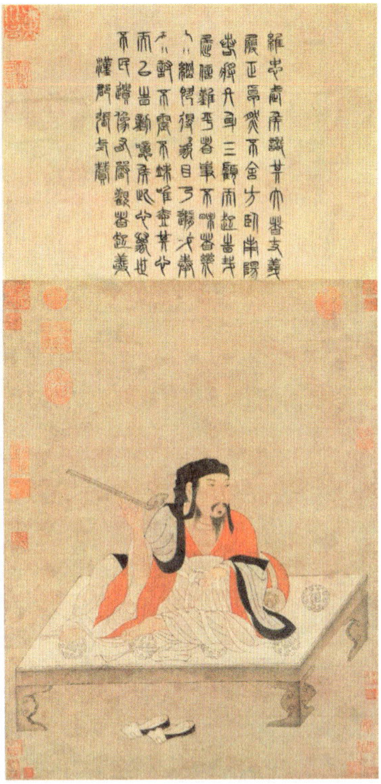

图 3-3　元人绘《诸葛亮像》（故宫博物院藏）

同样生活在宣德年间的戴进，则擅长以故事性的画面来歌颂名臣先达。他曾经是皇宫里的待诏，供奉内廷，是曾经离宣德皇帝很近的人。画史上记载他曾作《渭滨垂钓图》和《商山四皓图》，主人公分别是周朝和汉朝的大贤，从著录的绘画名称上看，这两幅作品就和他现存的《三顾草庐图》一样，画面具有很强的故事性。从受众的角度评判，只有故事性

图 3-4　明朱瞻基绘《武侯高卧图》（故宫博物院藏）

强的画面，才更具有广泛的传播力度。那幅宣德皇帝自己所画的诸葛亮，如果没有题款和说明，谁又能确认这就是诸葛亮呢？

戴进的这幅《三顾草庐图》，山岭和树木占据了画面的绝大部分空间，左下角有一童子站在篱门之外，双手作请入姿势，刘关张三人皆着布衣布巾，向童子而立，刘备拱手施礼，张飞则擦手欲怒，关羽神情有劝止之意。不远处，孔明则在草庐中纶巾羽扇暗中观望。这和《三国志演义》中描绘的三顾茅庐场景十分接近。

玄德拱立阶下。半晌，先生未醒。关、张在外立久，不见动静，入见玄德犹然侍立。张飞大怒，谓云长曰："这先生如何傲慢！见我哥哥侍立阶下，他竟高卧，推睡不起！等我去屋后放一把火，看他起不起！"云长再三劝住。玄德仍命二人出门外等候。

图 3-5　明戴进绘《三顾草庐图》（故宫博物院藏）

我们并不能确认，戴进参考的就是小说中的描述，因为早在宋代，三国故事已经以民间说话的形式在平民阶层流传了几百年，在世人心目中，三顾茅庐的场景和人物早已相对固定。戴进的作品较之宣德皇帝便有了更高的辨识度和通俗性。除此之外，倪端、谢时臣也有过诸葛亮像作品，这些作品虽然画的都是诸葛亮，甚或标榜贤隐，突出君臣高义，却已经具有了较多的通俗表现手法，寄寓了作者的文人志趣，与供奉在祠庙里的武侯已经不是同一个人了。正是因为故宫的藏品经历了历代帝王的承袭、搜集和扩充，这些不同的诸葛亮形象，才能被我们今天的人所看到。

三国之神：武将封神关云长

三国故事中的另一个超现象级人物非关羽莫属。与诸葛亮不同的是，关羽并非死后即刻受人膜拜。在闭塞的蜀地，他的影响力甚至一度还不如张飞。关羽死后的三百多年，隋朝的佛教神化过程中才有了“玉泉显灵”的记载。又过了将近五百年，北宋的张天师才把关羽纳入到道教神仙系统。又因《三国志》裴松之注引《江表传》里说，关羽喜欢读《左传》，所以儒家塑造了关羽手捧《春秋》的经典形象，把他与文圣人孔子放到了几乎等高的地位。随着佛道两教神仙系统的逐渐完善，以及儒家对其匡扶汉室正统的推崇，关羽的地位开始大幅度抬升。两宋之际，国家危难，宋徽宗加封关羽为“忠惠公”，后又加“义勇武安王”，关羽进入了较为高级的官方祭祀系统。

明万历时期，关羽被封为“三界伏魔大帝神威远震天尊关圣帝君”。清顺治时，敕封关羽为“忠义神武关圣大帝”。乾隆时，称山西关夫子。道光又加封“忠义神武灵佑仁勇威显关圣大帝”[1]。经过历代清帝屡加封号，到光

[1] 卢晓衡主编：《关羽、关公和关圣：中国历史文化中的关羽学术研讨会论文集》，社会科学文献出版社2002年版，第107、108页。

图 3-6　明泥塑彩绘关羽像（故宫博物院藏）

绪朝，关羽封号已达 26 字之多，全称“忠义神武灵佑仁勇威显护国保民精诚绥靖翊赞宣德关圣帝君”。清帝鼓吹关羽的忠义千秋，显然对获取汉民族的认同感有很强的促进作用。以至于清初赵翼在其《陔余丛考》卷三十五《关壮缪》中赞叹道：“今且南极岭表，北极寒垣，凡儿童妇女，无有不震其威灵者。香火之盛，将与天地同不朽。”关羽终于一跃而成民间信仰中最有影响力的人物之一。

我们在故宫所藏的关羽塑像和绘画中，看到了明人眼中的关羽形象。泥塑彩绘关羽像陈列在慈宁宫正殿常设的雕塑展厅中，与真人等高，绿袍金面，右手持剑，左手似捋须髯，姿态优美雄壮。可惜，单独挂在塑像腮上的胡子早已不存，有些降低关公的威武值。

明代商喜[1]《关羽擒将图》中的关羽，与那件彩塑几乎穿着同样的装束，这也足见明代关羽造型的相对固定。画面上关羽绿袍长髯坐在石上，左右为关平、周仓。画面色彩浓重，大量使用金粉勾画衣饰图案，富丽堂皇，具有壁画的风格特征。通过背景和人物状态判断，其中描绘的是关羽水淹七军、活捉敌将庞德的故事[2]。关羽的威武从容、敌将的桀骜不驯都在细致的描绘中跃然纸上。学者邵彦认为，《关羽擒将图》影射了宣宗时期平定朱高煦叛乱

[1] 韩昂《图绘宝鉴续编》记载，商喜“字惟吉，善山水、人物，超出众类。际遇累朝，士林多重之。今孙祚，字天爵，能世其业”。《图绘宝鉴》卷六，载于安澜辑《画史丛书》第二册，上海人民美术出版社 1963 年版，第 157 页。

[2] 单国强：《关羽擒将图》，《紫禁城》1981 年第 1 期。

图 3-7　明商喜绘《关羽擒将图》(故宫博物院藏)

的史实，画面中关羽的英武与庞德的桀骜正是当时朱瞻基与朱高煦剑拔弩张关系的写照。考虑到画幅原来的使用方式是屏风或贴落，这便同时带有了帝王宣示权威的意义。[1] 这时的关羽，无疑是忠勇神将的化身。

[1] 邵彦：《隐喻的纪实——〈关羽擒将图〉的主题与功用》，《故宫博物院院刊》2015 年 6 月。

我们从清宫档案里得知，清代帝王与民间一样重视关羽供奉，紫禁城中正殿、钦安殿、位育斋，圆明园佛楼等多地都设有关羽神龛。对于神像的塑造，皇帝亲自过问，仔细提出修改意见，极尽考究。

在雍正十二年三月初十日这天，造办处档案记录了雍正皇帝对关夫子及从神塑像蜡样的修改意见，雍正皇帝说："关夫子脸像拨得不好，照圆明园佛楼内供的关夫子脸像拨，其从神站像款式亦不好，着南府教习陈五指式拨像，钦此。"过了十天，新的蜡样又被送到皇帝面前。皇帝又下旨说："关夫子脸像特底（低），仰起些来，腿甚粗，收细些，马鬃少，多添些，廖化的盔不好，另拨好样式盔，钦此。"又过了六天，减肥后的关夫子设计样又被打回："关夫子硬带勒的甚紧，再拨松些，身背后无衣褶，做出衣褶来，鞋大蹬蠢，俱收小些，膝膀放高些，持刀的从神手并上身做秀气着，钦此。"到了四月初二日，第四个蜡样送呈，皇帝又有旨说："帅旗往后些，旗上火焰不好，着收拾，马胸及马腿亦不好，亦着收拾，钦此。"再过两天，第五稿终于通过审核，皇帝说："甚好，准造，旗作绣旗，钦此。"[1]这便可以进入内务府的正式制作流程了。

精工细作的关帝形象之外，也并非没有奔放恣意的作品存在，如清高其佩的指画关羽像。即便如此，也仍然没有脱离关羽坐像捋髯或读《春秋》的基本造型框架。

历代清帝皆给关羽加封，相关的故事在民间也得到家喻户晓的传播。乾隆以后戏曲的兴盛，使关羽的形象在寺庙彩塑、绘画、戏曲等领域高度统一和强化起来。三国戏中以红脸扮关公的戏为最多，最为郑重，由此产生了一个专门的行当——"红生"，还把扮演关老爷的戏称为"老爷戏"。嘉庆、道光时期有位红生演员米应先，又名米喜子，他演关公戏十分逼真，往往一亮相下面就乱了套，前台听戏的官员、平民一下跪下一大片。他们说，每次米喜

[1]《清宫内务府造办处档案总汇》第6册，人民出版社2005年版，第535页。

子演《战长沙》，总看见关老爷骑马提刀站在喜子身后。这固然有夸饰的成分，但可以看出，当时人所能见的关公形象都是高度统一和固定的。

最令人不解的是，作为圣人的关公，在戏曲行当里具有最多的礼仪和禁忌，稍有不慎，关老爷就会降灾于人。有一种解释说这是因为关羽不仅是民间神圣，同时也是被砍头横死的厉鬼，也有人认为关公戏曲中的讲究更多是出于敬畏。这些讲究不仅针对演员，而且针对观众，连晚清皇宫里的太后老佛爷也不能忽视。戏班里扮演关公的演员必须先提前数日斋戒沐浴；到后台先要对着关公像焚香叩首；化妆勾脸故意不勾全脸，要讲究“破脸”点黑痣，以表示与真正的关羽不同，没有亵渎神灵；化妆扮好戏，绝不与人交谈，防止关公的鬼魂附体；上台时怀里必须揣着关公的“神祃”纸像或名讳，下台用它擦掉红彩之后焚化，才能恢复自己的本人状态，还有周仓所持关公大刀需先用红绸包裹，等等。如若犯了忌讳，难免出现舞台事故、受伤、生病甚至更严重的祸事。因此，慈禧每看到关公戏，也经常刻意回避，害怕冲撞神灵。[1]

我们看到，人们对关羽这一三国人物的态度其实带有较多的功利色彩，敬畏之中，存在较多畏惧的因素。随着封建帝国的日趋保守和没落，忠勇良将带来的积极鼓舞作用，似乎远不及人们对他的畏惧来得直接。

[1] 陈志勇：《关公戏演出禁忌的生成与禳解》，《戏曲研究》2008年第1期。

图 3-8 清宫戏曲行头：关公的夫子盔（故宫博物院藏）

三国之戏：清宫长篇连续剧

一般认为，《三国志演义》小说是三国故事的集大成者，成书于明代初期，现存最早的刻本为弘治甲寅序嘉靖壬午年间的刻本。而口头文学和戏曲演绎中的三国故事，较《三国志演义》更早就已经形成系统。有资料显示，三国故事以戏曲形式的流传，始

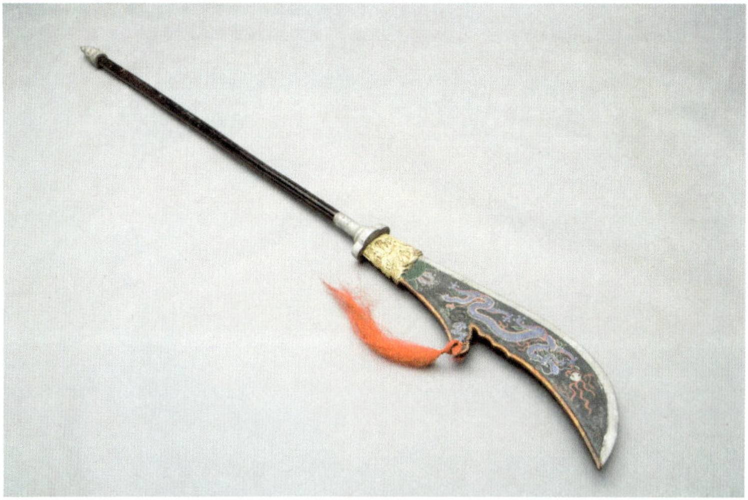

图 3-9 清宫戏曲行头：关公的青龙偃月刀（故宫博物院藏）

自隋唐。宋代的傀儡戏、影戏，已经可以演出连贯的三国故事，宋代说话中，讲史题材的三国故事也盛演不衰，孟元老《东京梦华录·京瓦技艺》中就有“霍四究说三分，尹常卖五代史”的记载，其中的三分即指三国故事。金院本与南戏中，演三国故事的已经有了《赤壁鏖兵》《刺董卓》《襄阳会》《骂吕布》《单刀会》《貂禅女》《斩蔡阳》等剧目。元杂剧中有三国戏六十种上下。在继承讲史故事、杂剧、南戏的基础上，明清两代传奇剧本中的三国戏也数目可观。随着戏曲演出的兴盛，三国戏文、俗语直接进入了汉语体系，如“说曹操，曹操就到了”[1]，“万事俱备，只欠东风”等，街头市井，人人口传。

❶ 出自三国戏《连环计》。

清代统治者对三国历史题材的重视，其实是从未入关起便开始的。昭梿《啸亭续录》中记载：

崇德初，文皇帝患国人不识汉字，罔知治体，乃命达文成公海翻译《国语》《四书》及《三国志》各一部，颁赐耆旧，以为临政规范。及定鼎后，设翻书房于太和门西廊下，拣择旗员中谙习清文者充之，无定员。凡《资治通鉴》《性理精义》《古文渊鉴》诸书，皆翻译清文以行。其深文奥义，无烦注释，自能明晰，以为一时之盛。有户曹郎中和素者，翻译绝精，其翻《西厢记》《金瓶梅》诸书，疏栉字句，咸中綮肯，人皆争诵焉。[2]

❷ 昭梿：《啸亭续录》卷一《翻书房》，载《啸亭杂录》，中华书局1980年版，第396页。

满族统治者眼里的《三国志》，是与儒家经典相抗衡的汉民族代表性作品，所以才能成为官方的必读书目，这些经典读物和通俗读物，通过翻书房这一机构翻译成满文，促进了满汉文化的融合。

读书只是少数有文化至少是识字阶层的特权，戏曲演绎则把三国故事完全地通俗化了。清代宫廷三国戏盛行，在乾隆、光绪两朝达到了极盛。

至乾隆初年，“纯皇帝以海内升平，命文敏制诸院本进呈，以备乐部演习，凡各节令皆奏演”[1]，戏曲演出已经被列入朝廷仪典。这一时期三国、水浒、西游故事都形成了相当成规模的连台本大戏，三国戏曰《鼎峙春秋》、水浒戏曰《忠义璇图》、西游戏曰《升平宝筏》，将当时现存的杂剧传奇戏文曲谱囊括编入其中，如元代关汉卿的杂剧《单刀会》第三、四折《训子》和《刀会》，明代无名氏《草庐记》第四十六出《花荡》等。其中有一些后来被昆班艺人从宫中摘出，又成为民间剧团的常演剧目。连台本大戏为保存清代以前的戏曲演出形式，起到了很大的作用，还使戏曲行头系统进一步细化和考究，穿戴程式更为固定。

[1] 昭梿：《啸亭续录》卷一《大戏节戏》，载《啸亭杂录》，中华书局1980年版，第377页。

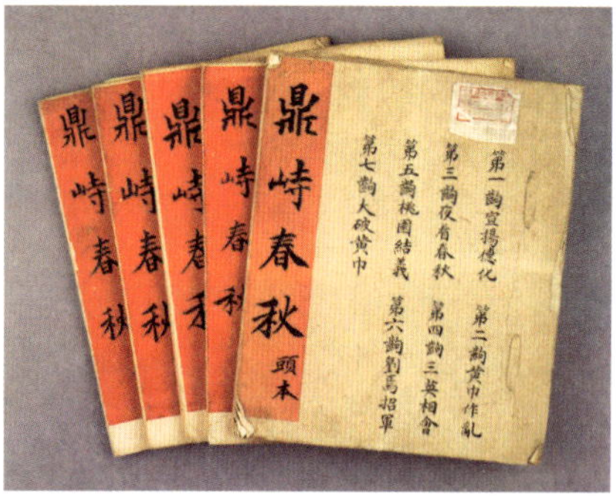

图3-10　清宫戏本《鼎峙春秋》（故宫博物院藏）

《鼎峙春秋》是怎样一部三国题材的历史大戏呢？可以说，它是一部集成版三国连续剧，这部戏分10本240出，主要以昆腔演出为主，从第一本连续不停地演到第十本，演完一本需要10天。

我们可以这样对比：如果以每出30分钟计算，每本平均24

出，在没有换场间歇的情况下，需要 12 个小时才能演完。10 本 240 出，就是一部 240 集现场直播不能叫停的连续剧。现代人网络追剧，追到这强度已经很累了，何况是载歌载舞连唱带打去唱戏呢？

据王芷章《清升平署志略》记载，《鼎峙春秋》仅在嘉庆、道光年间组织上演过四次，第一次为全 10 本，第二次、三次分段演出全本 20 段，第四次演至 20 段而未终场。其规模之大，曲本情节之完整，编排敷演之复杂，无论拿今天的直播剧、综艺，还是大型团体演出相比较，都是难度巨大无法想象的。似乎只有故宫畅音阁大戏楼、颐和园德和园戏楼这类大型舞台才能容纳如此阵容的演出。[1]

我们在研究中发现，仅道光二年（1822），就有宫中处理糟朽行头、砌末 3999 件，圆明园处理 10890 件的记录。[2]清宫早期昆腔大戏的演出盛况，从这些残损的资料中可以窥见一斑。

乾隆时期戏曲的繁荣，直接导致了戏曲史上的花雅之争，即以昆腔为代表的雅部和其他地方剧种的花部（统称乱弹）争夺菊坛统治地位，促成了“四大徽班”进京和京剧的形成。

咸丰以后，由于国力衰微，连台本大戏逐渐罢演，单出戏[3]演出占据主要地位。昆腔也逐渐让位于乱弹，在慈禧太后的推动下，京剧演出日渐红火。继乾隆之后，宫中的戏曲搬演又达到了一个高潮，三国戏更是其中的重中之重。

从光绪三十四年（1908）正月初一，到十月二十一日

[1] 李小红：《〈鼎峙春秋〉研究综述》，《兰州学刊》2008 年第 2 期。

[2] 孙召华：《清代宫廷戏曲行头》，《紫禁城》2013 年第 11 期。

[3] 单出戏：现在多被俗称为“折子戏”，而据朱家溍先生在国图讲座中讲述，戏曲史上并无“折子戏”这样的说法。

图 3-11　三国戏中赵云所用白色缎绣旗帜（故宫博物院藏）

光绪去世、二十二日慈禧太后去世，不到一年时间内，乱弹三国戏的演出频率就达每月 10 出之多。这一年的六月，光绪帝过生日，宫中首次排演《连营寨》，为配合刘备“白盔白甲白旗号”哭祭关张的场景，慈禧太后专门提前在江南定制了全套的新行头道具。谭鑫培饰演刘备所穿的男蟒，杨小楼演赵云所用男靠，蜀汉将士所穿的开氅、箭衣等，以及各种旗帜、桌围、椅帔、台帐等，全为白缎圈金绒绣黑色图案。

宫中行头制作，需要经如意馆画师绘制小样，着色后呈送，经皇帝或太后批准或调整，再发造办处或江南江宁、杭州、苏州三织造局，完工后交宫中呈览。[1] 其间所用的程序之繁、人力之多、工艺之精、资费之巨自不待言。其时国事衰微，江河日下，三国戏维持着晚清王朝的虚假繁盛。宣统三年（1911）二到八月，清宫共演戏 74 场，其中就有 36 场三国戏，很多单出戏如《长坂坡》《战成都》等还演了 3 次。

[1] 孙召华：《清代宫廷戏曲行头》，《紫禁城》2013年第11期。

所谓“上之所好，下必甚焉”，清代宫廷三国戏的排演，占据了戏曲演出的很大比重，也培养了民间戏班的几代名伶，京剧乱弹中大量的三国戏，很大一部分或直接或间接来自宫廷大戏《鼎峙春秋》。梨园界广泛流行“唐三千，宋八百，数不清的三列国”之说，戏曲艺人也把演好三国戏作为立身之本，有“无三不成班，烂三要饿饭，三国铁门槛，翻过道路宽”[1]的说法。

[1] 关四平：《三国演义源流研究》，黑龙江教育出版社2003年版，第513页。

三国之物：痴心狂热无处藏

乾隆以后，画坛开始出现专门描绘戏曲演出的作品，现存最早的清代戏曲绘画是山阴人章辰的《花面杂剧》十二桢，“花面”即小丑。道光、咸丰以后，戏画册页渐多，晚清则更为繁盛，受到文人以戏曲为小道的观念影响，这些作品都不入鉴赏，不入画史。

现存有代表性的作品有“清宫戏画”百余幅，它们适应后宫太妃们的观赏需要而产生，多表现花部戏码，画法工细，神意并到，包括扮相、全身、场景三个系统。第一类扮相画是半身像，散落民间，个人和机构都有收藏；第二类是单人全身像；第三类是戏曲的演出场面。后两类较为完整地藏于故宫博物院。

除了戏画册页，还有可供张挂的三国工笔连环画，按照《三国志演义》的回目排序，两句回目各绘制一幅，也有个别每回一幅，情节至白门楼而止，不知是否部分散失。以辕门射戟一幅为例，画面精细，色彩浓丽，笔法单调，人物面孔单一少神气。人物装束基本是日常写实的明代常服，吕布头上的翎子则吸取了戏曲装扮的样式，并在发髻部位有所改良，与束发金冠构成了一个和谐的整体。明代文献《脉望馆钞校本古今杂剧·虎牢关三战吕布》第三折中张飞有唱词道："吕布那三叉紫金冠上翎插着那雉鸡，他那百花袍铠是唐猊。"[1] 可知早在那时起，紫金冠上插雉鸡翎已经成为比较固定的装扮方法。这种模式也逐渐影响了近现代的连环画和影视剧造型。

[1] 隋树森编：《元曲选外编》（上），中华书局1959年版，第489页。

明清时期，民间年画、建筑彩画、砖雕等，都广泛使用三国题材作为装饰，这在紫禁城内也不例外。

钟粹宫前殿的东西配殿，有几楹外檐彩画为同治年修缮时所绘制，体现了当时的戏曲表演场景，其中有一幅《捉放曹》为曹操路遇吕伯奢的内容，戏曲勾脸与戏扮人物画同时并用，曹操的胡须为三绺髯，并非升平署戏画中的黑满，马鞭也与现实中的实物样式相同，而非戏曲舞台所用的马鞭。[2] 颐和园长廊彩画中，也大量出现同类的作品。

[2] 宁宵、曹振伟：《钟粹宫外檐彩画中的戏画》，《紫禁城》2013年第11期。

图3-12　清宫戏画《群英会》（故宫博物院藏）

故宫御花园应于晚清时期装饰的石子路上，三国题材故事画有桃园结义、孟德献刀、过五关斩六将、三英战吕布、凤仪亭、辕门射戟、古城相会、跃马檀溪、三顾茅庐、喝断当阳桥、战长沙、单刀赴会、空城计，共计13幅。连续出现的几处关公戏场面图让人不禁感叹，慈禧老太后怎么这时竟忘了亵渎关帝的罪过了呢？此外，宫中作为日常陈设的屏风、漆器、瓷器上，也无处不有三国题材的绘画，体现着清代宫廷对三国主题的狂热喜爱。

小结

故宫收藏的古物之中，凝结着中国古代文化历史造就的精华，我们梳理故宫文物，常常能从吉光片羽中捕获巨大的精神财富。三国故事文物在故宫中只是很小的一部分，我们却能从中发现，曾经高高在上的神圣，最终成为戏剧里的脸谱，成为建筑檐下的装饰，成为脚底践踏的路石，这既是它们走向大众、走下神坛的路径，也标志着文化表达与传统观念的日渐背离。文化典型在传播推广的过程中难免伴随着从雅到俗、从高到低的趋势，只有在国家昌盛的时代，知识和文化被重视，人的创造力被发掘，忠孝节义的传统价值才不会被旧文化的愚昧外壳所埋没，典雅文化才能真正发展兴盛，重新站回到历史舞台的追光灯下。

图 3-13 清康熙青花山水人物棒槌瓶，绘三国人物故事“铜雀台比武”

新拉纳克：苏格兰工业乌托邦的试验田

文 | 文史作家　赵博

距苏格兰首府爱丁堡西南 56 公里处有一个名叫拉纳克的小镇，克莱德河从小镇南缘缓缓流过，流向下游的格拉斯哥，最终汇入浩瀚的大西洋。1786 年，一个叫大卫·戴尔的苏格兰商人在这里建立了一家名叫新拉纳克的纺织厂。13 年后，他把这个纺织厂交到了自己的女婿——威尔士人罗伯特·欧文手中。

在这对翁婿执掌工厂的 38 年间，新拉纳克成为他们改善劳工关系、提升劳工素质的试验田。2001 年 12 月，新拉纳克入选联合国教科文组织世界文化遗产名录。在沉寂多年后，这座深居在克莱德河谷的工厂再一次走进了人们的视野。

苏格兰：乌托邦的土壤

为什么新拉纳克会出现在苏格兰乡村小镇？这个小镇有着怎样的特

图 4-1 世界文化遗产——新拉纳克（赵博 / 摄）

性，使其成为空想社会主义乌托邦的试验田呢？

说起来，18 世纪末期的苏格兰并非经济发达、文化昌明的地区，相比南方近邻英格兰，苏格兰的经济发展水平滞后，尤其是在贫瘠的苏格兰高地，人们过着相对封闭且自给自足的生活，这种自给自足表现在商业社会发展不充分，分工受到限制，一个人往往要身兼数个角色，从事多种生产和经营。亚当·斯密写道："散落在荒凉的苏格兰高地一带的人迹稀少的小乡村的农夫，不论是谁，也不能不为自己的家属兼充屠夫、烙面师乃至酿酒人。在那种地方，要在 20 英里内找到两个铁匠、木匠或泥水匠，也不容易。离这班工匠至少八九英里之遥的零星散居人家，只好亲自动手做许多小事情。"[1] 普兰特在《苏格兰的国内生

[1] ［英］亚当·斯密：《国民财富的性质与原因的研究》上卷，商务印书馆 1997 年版，第 16—17 页。

活》中将苏格兰高地妇女的生活形容为“既忙碌又孤独”，他写道：“在高地和一些偏远的乡镇，人们必须自给自足，最近的商店也可能在50英里以上，且少有来访者。一个家庭主妇必须自己从羊身上获得羊毛并且纺成毛衣；她必须自己种植亚麻然后制成桌布。”由于劳动分工极不发达，以交换为基础的商品契约经济也未形成，甚至作为交换中介的货币也不普及。亚当·斯密在“论货币的起源及其效用”一章中提到：“据我所闻，直至今日，苏格兰还有个乡村，用铁钉作媒介，购买麦酒和面包。”[1]

与贫瘠、蛮荒的高地相比，苏格兰低地的资本主义萌芽已经生根开花，其中杰出的最丰硕的果实就是纺织业。纺织业在苏格兰拥有悠久的传统，早期苏格兰的纺织业集中在亚麻纺织业。1707年，随着苏格兰与英格兰的合并，苏格兰得以参与到英格兰开创的跨大西洋贸易体系中，苏格兰所生产的纺织品不仅需要满足本土的需要，还要输往北美殖民地，换回烟草、蔗糖、朗姆等殖民地商品。

图4-2 新拉纳克纺织厂的纺织机（赵博/摄）

除了市场之外，纺织业的发展还离不开两个重要因素：驱动

[1] ［英］亚当·斯密：《国民财富的性质与原因的研究》上卷，商务印书馆1997年版，第21页。

力和劳动力。在驱动力方面，从 18 世纪中期以后，纺织业逐步从手工业过渡到机器生产的时代。1733 年，一个名叫约翰·怀亚特的英格兰木匠和法国逃亡者的儿子刘易斯·保尔一起研制出世界上第一台纺纱机，并于 1738 年 6 月 24 日获得专利。这台机器的工作原理是为了纺羊毛或棉花而制造，羊毛或棉花在装入机器之前，都将按照下列方法进行整备：每个梳理机的内盛物在经过自转以后，就被一端接一端地安放着，形成了一种绳子或粗线，这条绳子的另一端便被放入两个滚筒或轧辊之间，轧辊通过旋转的动作并按照这种动作的速度带走要纺的棉或毛，最终把棉或者毛拉长成为所希望那样细的线。[1] 1765 年，哈格里夫斯发明了多轴纺纱机，并很快在英格兰北部流传开来，这就是著名的"珍妮机"。在技术革新的刺激下，英国的纺织业完成了从小作坊生产向大工厂生产的转型。但无论是小作坊还是大工厂，纺织机的运转都离不开驱动力，这种动力必须能驱动数台、数十台乃至数百台的纺织机同时工作，在 18 世纪中期，蒸汽机尚不成熟，主要的动力来源仍是水力。位于苏格兰低地的拉纳克恰好蕴藏着丰沛的水力资源，克莱德河从拉纳克南边流过，上游处有几处落差颇大的瀑布，河水顺流而下，为拉纳克提供了丰沛的水能资源。直到今天，这里仍然有水力发电站运行，而在当时，这些水力资源为兴建纺织工厂奠定了良好的能源基础。

在劳动力方面，纺织业是劳动力密集行业。在 18 世纪的苏格兰，尽管大量劳工搭乘远洋商船前往北美淘金，但好在有数以万计的爱尔兰移民蜂拥涌入格拉斯哥等工商

[1] ［法］保尔·芒图：《十八世纪产业革命》，商务印书馆 2016 年版，第 183 页。

业城市谋生。他们涌入到市内业已衰败、早已被中产阶级抛弃的旧城区，仅仅在加罗门、高街、盐市交叉的那片狭小的区域就有两万余人。由于城市没有足够的下水道和卫生设施，移民们只能把垃圾倾倒在街道和住房后面，一位官员感慨："那里卫生状况糟糕得一塌糊涂，人类简直无法生存。"随着移民大量涌入，城内的工作机会很快饱和。大量移民选择投身苏格兰如火如荼的纺织业。尽管纺织业规模宏大，但劳动者在其中所能分享到的资源极其有限。亚当·斯密曾回忆道：一星期能赚得 20 便士的女工就算是很有本事的纺工。每到月底，总有青黄不接的窘境。一些放贷者视其为牟利良机，他们给织工放贷，"允许她们赊购燕麦粉、黄油、奶酪、鱼干、煤炭、亚麻及其种子等"。1772 年，织工诗人塞缪尔·劳曾写下诗句："每个漫长的白天和阴冷的夜晚，我在喧闹的织布机旁冥思苦想，一边织着花案，手指僵硬，腮如冻土，整个身躯不时地，阵阵寒栗和病意。"织工们还写一些诗歌，其中一首名叫"格林菲尔特的小琼"的歌曲中写道："我是贫困的棉织工，人人皆知我。家中没吃的，身上着破烂，天天辛苦劳，难赚 6 便士，脚上穿木鞋，光脚无袜穿……我们的教区牧师，谆谆教导我：只要把活儿干，定有好时光；我已好好把活儿干，气都不敢喘，心中却在想：要我死了才算完。我知道他过着好日子，我们拼命把活儿干，他却一辈子什么也不干。"[1]

[1] ［英］E.P. 汤普森：《英国工人阶级的形成》（上），译林出版社 2013 年版，第 331—332 页。

大卫·戴尔与罗伯特·欧文：一场翁婿接力

对于拉纳克而言，1786 年是一个标志性的年份。这一年，一个名叫大卫·戴尔的苏格兰人来到这里。他和英国发明家、企业家理查德·阿克莱特合作，在这里建立了新拉纳克棉纺工厂。

大卫·戴尔，1739 年出生在苏格兰艾尔郡，父亲威廉·戴尔是一名当地的经销商。大卫小时候家境一般，虽然不至于忍饥挨饿，但他很小开始就接触农牧业，和同村的孩子们一起牧牛。过了几年，他进入格拉斯哥市郊佩斯里的纺织厂，成为一名纺织工人。显然，大卫·戴尔并不满足于终身站在织布机前，他展现出过人的商业天赋，在汉密尔顿、坎布里兰等地收购棉纱，并将其加工成棉布出售。24 岁时，他已经成为格拉斯哥丝绸商店的店员，并最终在高街一带开办了自己的商店。与当时大部分人的从商道路一样，掘得第一桶金的大卫急于通过与富商巨贾联姻改变命运，1777 年，38 岁的大卫迎娶了 24 岁的安妮·卡洛琳，后者的父亲正是苏格兰皇家银行的首席执行官。凭借着这层翁婿关系，大卫·戴尔很快从实业界进军金融业，升任到苏格兰皇家银行格拉斯哥支行经理。凭借着纵跨实业和金融界的优势，大卫·戴尔的银行业务发展迅速，短短几年营收就突破 100 万英镑。1783 年，他还创立了格拉斯哥商会并出任创始副会长，这也是现代意义上英国的首个商会。在他的“朋友圈”中，不乏约翰·格拉斯福德、托马斯·布坎南这样通过跨大西洋烟草贸易起家的“烟草大王”，但大卫·戴尔并不愿随大流投身远洋贸易，而是回归自己起家的纺织业。

1786 年，已经 47 岁的大卫在新拉纳克开办了一家纱厂，发明多锭纺纱机的英格兰人理查德·阿克莱德也成为他的合伙人。按照后来的历史学家记录，戴尔宗教信仰虔诚，做起事来一丝不苟，他想让他的工厂成为同类工厂的典范。他的雇员一天“只干”11个小时，还有2个小时用来吃晚饭，住宿免费。到了1800年，新拉纳克雇佣的工人数量比世界上任何工厂都多，其中三分之二是妇女和从当地招募来的孤儿。戴尔发给他们衣服，让他们接受教育。戴尔给他们提供的饮食营养丰富，有麦片粥、牛奶、土豆、大麦面包，还有牛肉和奶酪，一位参观者说：“如果我忍不住要去嫉妒我的哪位同行的话，那么这个人就应该像戴尔先生那样的人，因为他们为人类做了好事。”[1] 而接任他新拉纳克纺织厂的欧文曾这样评价自己的岳父合伙人，“大卫·戴尔先生具有何等真诚而广博的慈爱。他对你们大家的希望就像慈父对孩子一样。你们都知道他和他的人格，并且一定是刻骨铭心地怀念着他。当他为这个企业奠下第一块基石的时候，不可能想到自己创办了这样一种事业：非但改善他苦难深重的同胞的境遇，而且将谋取幸福的方法从这里发展到全世界各个国家中去”[2]。

图4-3 大卫·戴尔画像

在家庭生活中，大卫·戴尔与安妮·卡洛琳的联姻，不仅帮助其攀附上了苏格兰皇家银行的岳父，也为其带来了未来生意上的合作伙伴——罗伯特·欧文。

罗伯特·欧文，1771年5月14日出生在威尔士蒙哥马利郡的小镇纽顿，父亲也叫罗伯特，曾经是当地的马夫、铁匠和邮局局长，母亲是当地佃农之女。可以说，欧文自身出身寒微，在18世纪英国

[1] [美]阿瑟·赫尔曼：《苏格兰：现代世界文明的起点》，启蒙研究所译，上海社会科学院出版社2016年版，第324页。

[2] 《欧文选集》第一卷，柯象峰、何光来、秦果显译，商务印书馆2011年版，第106—107页。

社会中处于中等偏下的位置。10 岁时，欧文就离开了学校，辗转在英格兰斯坦福德、林肯郡的工厂里打工。18 岁时，欧文搬到英格兰北部工业重镇曼彻斯特，在一家窗帘厂内工作。多年的纺织业工作使欧文积累了丰富的生产和管理经验，他不安于一辈子在工厂打工。在曼彻斯特期间，他向哥哥威廉借了 100 英镑，成立了合伙纺织公司。1792 年，21 岁的欧文被老板彼得·迪克沃特任命为皮卡迪利工厂经理。在担任职业经理人的同时，热爱思考的欧文还参加了当地的俱乐部和社团，他曾经是曼彻斯特文学和哲学会会员，在社团中对启蒙思想进行过热烈的探讨，他还是曼彻斯特卫生委员会成员，该委员会致力于改善工人的工作和健康条件。1798 年，欧文造访苏格兰，这次旅行对他的事业和爱情都具有转折意义。首先，他从苏格兰实业家大卫·戴尔手中购买了新拉纳克的纺织工厂，并且引入了英格兰的新型纺织机，极大地提升了生产效率。随后，他还结识了大卫·戴尔的女儿安妮·戴尔。两人很快陷入爱河，并于 1799 年 9 月 30 日结婚。婚后，欧文和新婚妻子把家安在了新拉纳克。这成为他改造新拉纳克的起点。

欧文对新拉纳克的改造主要体现在两个方面。用他自己的话说：寻求改善贫民和劳动阶级的生活并使雇主获得利益的方法。[1]

[1]《欧文选集》第一卷，柯象峰、何光来、秦果显译，商务印书馆 2011 年版，第 113 页

一方面，欧文在新拉纳克的“社会试验”就是要改善贫民和劳动阶级的生活。他认为，这部分群体陷入贫困的原因是他们陷入了那些有害的习惯和情感，诸如愚昧无知、教育不良，因而养成了酗酒、偷盗、欺骗和不爱清洁的

图 4-4　中年时期的罗伯特·欧文画像

习惯。欧文认为，之所以他们会被称作恶人或者坏人，主要基于三种原因："第一，生来就具有一种能力或癖性，使他们在一定的情况下比旁人更容易犯一般所谓的邪恶行为。第二，由于出身或其他情形，他们生活在特别地区；从小就受父母、游伴和其他人的影响；处于必然会逐渐地使他们养成所谓的坏习惯和邪恶感情的

图 4-5　欧文夫妇在新拉纳克的住所

情形。第三，由于以上两种原因的特殊结合而变坏了。"[1]欧文认为，改变这些恶习和不良情感，需要借助教育的力量，通过教育改善工厂劳动者，尤其是青少年工人的整体素质。欧文眼中的教育，不仅是读书识字，而是人的全方位发展，在所有教育形式中，他尤其看重文艺。他曾说过："为了孩子们的健康和心灵，无论男孩还是女孩，都将学习舞蹈。男孩将受军事训练。声音悦耳的孩子将学习唱歌，具有音乐鉴赏力的男孩则将学习演奏某种乐器。"[2]除了白天的日常学习，晚上还开设夜校，供那些希望进一步提高阅读、写作、算术、缝纫、编织能力或学习任何其他有用技术的男女青年们使用。欧文说，为了教导他们，已经指定的适当男女老师，每天晚上将给他们上课两小时。学习的讲堂也不局限于室内课堂，欧文提出："夏天，我们打算让教师经常领着孩子们到邻近地区和周围的乡村走走，使他们能亲身体验一下自然和人为的业绩，获取知识。"[3]

另一方面，欧文通过改进管理方法，提升生产效率，从而"使雇主获取利益"。多年的纺织从业经历，使欧文积累了丰富的管理经验。与当时童工经常要被雇主打骂的情形不同，欧文并不热衷于赏罚机制，而更青睐通过激发劳动者的自尊心来提升劳动效率。例如，他设置了公告板，将工人的名字写到板上，旁边再各自挂上一块 2 英寸的木板，木板四面呈现黑蓝黄白四种颜色，不同颜色代表工人完成的产品数量和质量，其中黑色代表"不好"，蓝色意味着"一般"，黄色说明"好"，白色表示"非常好"。这样的牌子放在厂区的显眼位置，工人们彼此都能了解工友

[1]《欧文选集》第一卷，柯象峰、何光来、秦果显译，商务印书馆 2011 年版，第 114—115 页。

[2]《欧文选集》第一卷，柯象峰、何光来、秦果显译，商务印书馆 2011 年版，第 110 页。

[3]《欧文选集》第一卷，柯象峰、何光来、秦果显译，商务印书馆 2011 年版，第 110—111 页。

的工作表现，起到了相互监督的作用。正是在欧文的悉心管理下，19 世纪初期的新拉纳克呈现出一派欣欣向荣的景象，工人及其家庭过着“田园诗般的”生活，欧文也被誉为“现代人事管理之父”。

一边不断改变贫民和劳动阶级的生活，一边使雇主获取利益。在这种思想引领下，欧文在 1810 年首次提出了 8 小时工作制的主张。7 年后，他更是将这一主张细化为“8 小时工作，8 小时娱乐，8 小时休息”的生活方式。但这样看似完美无缺的模式，却渐渐地发生了问题，并最终幻灭。

乌托邦的幻灭

欧文在新拉纳克的“社会试验”一共持续了 25 年。1824 年，53 岁的罗伯特·欧文卖掉了新拉纳克的产业。他远渡大西洋来到北美新大陆。在北美，他先是在印第安纳州南部的沃巴什河畔购买了 3 万英亩土地，在这里他投资了 4 万英镑，创建了理想中的新和谐公社。之所以放弃苏格兰选择北美，欧文后来解释道，这是因为与英国相比，美国少了一些保守，是一个“新世界”。但是，欧文在这里没有坚持几年，北美的新和谐公社也宣告失败。欧文几乎一文不名，回到英国。返回英国后，欧文积极参与当时风起云涌的英国工人运动。1832 年，他领导创办了“劳动公平交易商场”，两年后，根据他的方案成立了“全国生产部门大联盟”。恩格斯后来赞誉道：“当时英国的有利于工人的一切社会运动、一切实际成就，都是和欧文的名字联在一起的。”[1]

[1]《反杜林论》，见《马克思恩格斯选集》第三卷，人民出版社 1972 年版，第 304 页。

为什么欧文在英国和北美的社会试验都以失败告终？若干年来，历史学家给出了多种解释。笔者认为，这是多方原因导致的结果。

首先，欧文社会试验的失败在于其经营理念中的矛盾与错位。正如其所言，他在新拉纳克开设棉纺厂是寻求改善贫民和劳动阶级的生活并使雇主获得利益的方法，但这两者之间存在着根本的矛盾。在新拉纳克，欧文的主要精力用在慈善事业上，他为工人们开设了夜校、性格陶冶馆、平价商店，他将工人每天工作时间从 13 小时缩短到 10 小时，禁止不满九岁的童工劳动；提高工人工资，即便工厂暂时停止，工资也照付。但在 18 世纪的历史条件下，欧文的这些做法无疑是超前了，这种小企业办大社会的形式，无疑加大了企业的生产成本和支出，从而影响了其产品的市场竞争力。早期，新拉纳克还能凭借水能的动力优势、织机的技术优势以及管理上的优势取得市场上的优势，但在后期，随着环境的变化和发展，这些优势也逐渐消退，而生产成本却高居不下，使得企业的经营和发展遭遇瓶颈。

其次，纺织业的技术条件发生了颠覆性的变化。在 18 世纪末，欧文决定投资新拉纳克的时代，水力仍是纺织机最主要的动力来源，但这时，一种原名叫“火力机”的机械逐步进入到人们的视野，后来它有了一个响当当的名字“蒸汽机”。蒸汽机给各产业带来了颠覆性的影响。具体到纺织业而言，一开始，蒸汽机只是水力机的辅助工具。1780 年左右，理查德·阿克莱特在他曼彻斯特的工厂内开始使用纽康门的抽水机。两年后，一些英格兰的纱厂主请求瓦特给他们提供一批蒸汽机。当时瓦特对待这批订货相当冷淡。他在写给博尔顿的信中写道：“这些人写给我的信以及他们派到这里的人，使我怀疑他们的能力。如果你经过曼彻斯特回来，请你不要寻找纱厂的订货，我听说那么多的工厂设在北部水流的岸边，这项工业不久就一定会过多了。我们会有徒劳无获的风险。”但仅仅两年后，瓦特就不得不承认："当工厂能对燃料的消费量和成本做出抵偿时，蒸汽机就一定能用于纱厂"。[1] 到了 19 世纪初期，蒸汽机不仅在经济发达的英格兰大行其道，而且在苏格兰也渐趋流行。这样一来，仅凭水能为动力的新拉纳克棉纺厂在蒸汽机驱动的工厂面前变得毫无优势。

最后，正如此前历史学家多次所提到的，欧文的社会试验具有空想特点，他希望通过对人性的改造，建立一个堪称完美的乌托邦。他对人性的改造忽视了人性自身的差异性，希望通过教育改善人性，因此其教育也具有某种强制性的特点，正如其所说："我们将强制施行严格的制度并强制注意团体内每一个成员的幸福，直到大家都养成了一类习惯，使任何形式上的限制都成为不必要的时候为止。"[2] 此外，在对人性的改造中，他也忽视了当时苏格兰

[1] [法] 保尔·芒图：《十八世纪产业革命》，商务印书馆 2016 年版，第 298—299 页。

[2]《欧文选集》第一卷，柯象峰、何光来、秦果显译，商务印书馆 2011 年版，第 111 页。

图 4-6 1983 年几近废弃的新拉纳克厂房

仍处在资本主义发展的初期，人性对于占有的需求仍超过对于共享的需求，要从利己到利他仍需要经济发展的支撑，而不能仅仅乞灵于制度设计和教育熏陶。

欧文离开后，新拉纳克就陷入人走政息的颓势，工人工资被削减，福利被取消，新拉纳克工人从“田园般”的生活跌入困顿。随后，这家工厂一直惨淡经营到 1968 年。工厂关闭时，锈迹斑斑的机器被卖给废钢厂，整个厂房和住宅差点儿被夷为平地。只是在苏格兰政府和相关保护组织的呼吁和干涉下，这里才被保留下来。21 世纪初，新拉纳克被列为世界文化遗产，每年到此参观的游客数量超过 40 万。在历经风雨后，新拉纳克——这座承载着大卫·戴尔、罗伯特·欧文工业乌托邦梦想的地标最终以新貌呈现在世人面前。

极地噩梦
——1845 年富兰克林探险队北极悲剧之旅

文 | 文史作家　崔朝勇

1845 年，英国海军部派遣富兰克林爵士率领探险队前往北极海域寻找连接大西洋与太平洋的“西北航道”，然而这次探险变成了有去无回的悲剧之旅。现在就让我们重返历史现场，回眸那段悲壮的历史。

西北航道之梦

早在两千多年前，人类就已经对北极海域进行了初步的探索。根据史料记载，在公元前 3 世纪，希腊地理学家皮西亚斯曾经乘船进入了北极圈；罗马学者普林尼探索过英国北部的极地海洋。然而对于当时的人类而言，北极海域是一片严酷的生命禁区，那里“是一片冰冻的海洋”，“一整天都能看到太阳”，人迹罕至，气候恶劣。

进入大航海时代之后，人类探索北极海域的热情逐渐被点燃，而其中最引人注目的，就是英国对西北航道持续数个世纪的不懈探索。

图 5-1 展现古人探索北极海域的画作

16 世纪，西班牙控制了大西洋前往太平洋的海上通道合恩角。作为西班牙主要政治、经济对手的英国不甘心通往东方的商业命脉被敌人控制，多次寻找从北大西洋经北美大陆北端通往太平洋的海上通路，即西北航道。诸多英国航海家和探险家，比如马丁·弗罗比舍、詹姆斯·库克都曾先后动身寻找西北航道，但因为恶劣的天气、连绵的海冰没有取得成功。拿破仑战争结束之后，英国海军终于从漫长的战争中抽身，在海军部秘书约翰·巴罗爵士的大力推动下，海军以前所未有的热情和空前的力度重启了对西北航道的探索。

约翰·巴罗既是一位海军军人，也是皇家地理学会的创始人。巴罗早年曾经跟随英国著名外交家马戛尔尼访问了乾隆统治下的大清帝国，他热衷于地理探险活动，组织过多次对非洲和极地的考察。巴罗认为打通西北航道可以带来诸多益处。首先，如果找到了西北航道，从欧洲到达亚洲和北美西海岸的航行时间可能会缩减几个月，这不仅会减少商业运输的成本，也能赋予皇家海军更快速的部署军事的能力。其次，探索西北航道将会进一步扩展英国地理探索的空间范围，获得关于极地的第一手水文、气候资料，推动相关科学研究的发展。最后，国际政治因素也是巴罗努力推动探索西北航道的重要动机。英国并不是唯一一个对西北航道感兴趣的国家，沙皇俄国从 18 世纪开始就不遗余力地探索北美大陆和极地海域。探险家白令、奇里科夫早在 18 世纪中叶就多次勘察北美大陆的西北海岸。19 世纪初，在杰出的探险家冯·克鲁森斯特恩的带领下，俄国海军开始了一系列在堪察加、阿拉斯加的考察活动，并且将这些成果公开发表在报刊上，引起了极大的轰动。

沙俄海军的活跃表现使英国海军高层意识到，对西北航道的探索将成为英国、俄国地缘竞争的一个角力点，英国海军必须尽快采取行动。

1817 年，根据一位经验丰富的捕鲸船船长斯克斯比给海军部的报告所说，格陵兰附近上万平方英里的海冰都融化了，之前曾经阻挡了弗罗比舍和库克的自然障碍神奇地消失了。1818 年，巴罗爵士下令重启对西北航道的探索，并开出了巨额赏金。

也许巴罗爵士当时不会想到，他的命令不仅改变了人类极地探索的进程，也改变了无数人的命运，而在这些深陷时代大潮之中的探险家群体中，就包含了一位身材肥硕的海军军官——约翰·富兰克林。

富兰克林爵士

1786 年，约翰·富兰克林出生于英国林肯郡，直到 10 岁时，富兰克林才第一次见到大海，从此以后他就将加入海军作为自己的奋斗目标。1800 年，年仅 14 岁的富兰克林加入了海军，开始了传奇的海上生涯。

图 5-2　富兰克林爵士肖像画

1801年，富兰克林跟随英国海军名将纳尔逊参加了哥本哈根海战，幸运的是富兰克林毫发无损。1805年，富兰克林又一次在纳尔逊的麾下参加了著名的特拉法尔加大海战。在这场战役中，富兰克林经受了生死考验，他险些被法国狙击手击中，听力严重受损。10年之后，富兰克林又参加了美国第二次独立战争并负伤。

比起在战场上的英勇表现，富兰克林在极地探索领域的丰富经验和不凡成就更加令人刮目相看。早在1802年，还是海军军官候补生的富兰克林就参加了福林德斯的探险队，前往澳大利亚绘制海岸地图。这次考察并不顺利，探险队的“海豚号”军舰在返航时沉没，富兰克林等人被迫在附近的小岛上挣扎了一个多月等待救援。在这段坎坷的探险经历中，富兰克林展现出来的坚韧不拔与对海洋地理探索的蓬勃热情得到了上级的关注。

1818年，当海军部下令重新开始寻找西北航道时，已经晋升为中尉的富兰克林得到了独当一面的机会，他被任命为“特伦特号”军舰的舰长，参加对北极海域的考察。富兰克林与另一位舰长大卫·巴肯各自指挥一艘军舰沿着格陵兰岛东海岸向北极进发；著名探险家约翰·罗斯和爱德华·帕里指挥另外两艘军舰走格陵兰岛西侧的航线。舰队的任务除了寻找西北航道之外，还要开展各类科学考察，包括对北极附近海域的洋流、气候、地磁现象等各种科学观测与考察。东路舰队在斯匹次卑尔根岛附近海域遭遇大量浮冰被迫返航，西路舰队的指挥官罗斯声称在兰开斯特海峡附近发现航路被一列山脉所阻挡（事后证明罗斯声称的山脉并不存在，他因此饱受指责），所以也下令终止考察。

虽然这次寻找西北航道的行动以失败告终，但是富兰克林搜集了大量极地科学数据；在“特伦特号”出现漏水事故时，富兰克林冷静地进行了应急处理，并坚定地带领船员们继续参加考察，因此受到了海军部的表扬。

1819 年，皇家海军重新组织了对北极地区的考察，富兰克林再次带队出发。与上次不同的是，这次是陆上考察，他们的任务是探索北美大陆北部的处女地，绘制临近北冰洋的海岸地图。按照富兰克林的报告所说，这次持续 22 个月的陆上考察是一场“漫长、疲惫和灾难性的旅行”——由于缺乏食物，队员们被迫吃苔藓、兽皮和自己的鞋子；由于部分队员患病，富兰克林只能将考察队分成几队，自己带着还有行动能力的一组人马继续考察，其余的留下休整。但是当富兰克林率队与他们重新会合时，发现其中一个叫米歇尔的队员因极端恶劣的生存环境而精神分裂，他可能杀害了三名同僚，并且吃了他们的肉。富兰克林并没有在报告中隐瞒这些骇人的真相，他诚实地描述了这次考察活动中队员们遭遇的苦难与恶劣自然环境面前人性的脆弱与阴暗。

在海军部和英国民众看来，富兰克林的第二次极地之旅仍然是鼓舞人心的——他们跋涉了近一万公里，深入了人迹罕至的北美大陆北端，绘制了上千公里的海岸线地图，并且证明了西北航道存在的可能性非常高。海军部再次给予富兰克林高度评价，将他提升为上尉，而媒体则尊称富兰克林为“吃鞋子的人”。富兰克林在极地遭受的苦难与折磨为他带来了前所未有的社会声望。

1825 年至 1827 年，富兰克林第三次前往极地，进行陆上考察，由于准备充分，这次考察比较成功，没有出现人员的意外损失。

1829 年，富兰克林因极地探索中取得的巨大成就受封爵士。1836 年，富兰克林爵士被任命为澳大利亚范迪门斯州（现在的塔斯马尼亚州）的副总督。富兰克林是一位出色的船长、探险家，但并不善于对付官场上的尔虞我诈。1844 年富兰克林被解任，于 6 月返回伦敦。

官场上的挫折让富兰克林心情郁闷，他很希望能够在下一次的极地探险中证明自己的能力，而这样的机会马上就要到来了。

准备最“充分”的探险队

由于之前几次极地探险都没能找到西北航道，1844 年 12 月，巴罗爵士向海军部再次提出了组建寻找西北航道探险队的建议。1845 年 2 月 7 日，海军部正式下达命令，由富兰克林领衔指挥由 134 名官兵、两艘军舰组成的庞大探险队寻找西北航道。

图 5-3　富兰克林爵士的副手克罗泽

富兰克林探险队集结了许多英国海军精英。作为探险队最高负责人，富兰克林不仅拥有丰富的极地探险经验，而且深受各级官兵爱戴。正如历史学家弗格斯 · 弗莱明所说，富兰克林拥有一种

“让任何人都深陷其中的魅力”，在极地的恶劣自然环境中，富兰克林的威望与魅力无疑是维持探险队内部团结的强大黏合剂。

富兰克林的副手是年富力强的弗兰西斯·克罗泽。克罗泽早年曾经三次参加过由帕克率领的北极探险队，对人迹罕至的冰海相当熟悉。此外，克罗泽与富兰克林是老相识，经常参加富兰克林的家庭聚会。克罗泽与富兰克林的良好关系，保证了他们在面临困难时能够团结一致而不是互相拆台。

探险队另一位重要成员詹姆斯·菲茨詹姆斯虽然缺乏极地探险经验，但曾经参加过横跨中东沙漠和山区、行程超过2000公里的艰苦陆地旅行，经受了很多历练。菲茨詹姆斯还很善于打理人际关系，他与巴罗爵士的儿子关系良好，巴罗爵士一度考虑让他来担任探险队的指挥官。

除了精明强干的军官团之外，探险队中会集了许多拥有各种技能的船员，包括木匠、工程师、医生、铁匠等，这些身份迥异、出身不同的船员将为探险队提供各种必需的服务。

海军官兵们加入探险队的动机五花八门，有的希望能够通过这次探险活动增加晋升的资本，有的希望证明自己的能力，还有的单纯被海军部开出的两倍薪水所吸引。在许多探险队员看来，此次寻找西北航道之旅虽然将会面临严酷自然环境的考验，但只会有惊无险，他们的信心很大程度上源于组成探险舰队的“恐怖号”与“幽冥号”军舰。

“恐怖号”与“幽冥号”都是极地探险的“老兵”。“恐怖号”在1835年接受了结构加固改装以适应极地航行，第二年在参加北极考察时“恐怖号”被浮冰包围，好在坚固的船体顶住了冰块产生的巨大压力，成功返航。与“恐怖号”一样，“幽冥号”也参加过极地探险，到达过南极海域。

在富兰克林探险队出发前，“恐怖号”与“幽冥号”都进行了舰体改装——舰体和关键部位进行了结构强化，用来对付极地海域常见的浮冰；舰体内安装了火车蒸汽机头作为辅助动力，用于在逆风和遇见大量浮冰时驱动军舰。这些时髦的改装受到探险队队员和媒体们的广泛赞许。

“恐怖号”与“幽冥号”并不宽敞的舰体中塞满了各种物资。为了防止探险队缺粮，两艘军舰装载了数十吨粮食，包括面粉、饼干、面包、巧克力、鲜肉、腌菜、醋、茶叶、酒水、柠檬汁等，还有不少刚刚列装的罐头食品。这些食物足够探险队食用三年，富兰克林乐观地认为，如果严格控制消耗，探险队的食物甚至可以支撑 5—7 年。

海军部预计此次探险可能要持续 2—3 个冬天，为了让官兵们打发无聊的时光，军舰上建造了一个图书馆，安装了风琴，还带上了不少笔墨纸张，由军官们利用业余时间给文化水平较低的船员讲授各类课程。此外，军官们还带了几只宠物，包括一只猴子。

图 5-4　探险家詹姆斯·罗斯

总之，无论是海军部、富兰克林还是看热闹的媒体，都认为探险队所做的准备非常周全，是几十年来极地探险中准备最为充分的一次，所以他们充满了必胜的信心。

然而情况真的如此乐观么？恐怕并非如此。

首先，巴罗爵士提出在

1845 年重启寻找西北航道，很大一部分原因是他即将退休，想通过找到西北航道为自己的职业生涯画上一个完美的句号。巴罗催促富兰克林探险队尽快出发，留给富兰克林探险队的准备时间只有三个月左右，这比起之前几次极地探险长达一年的准备时间而言太短了。仓促的准备带来了不少问题，比如两艘军舰上安装的蒸汽机其实华而不实，其功率不足以让军舰破冰航行，反而占用了大量的空间和载荷，正如克罗泽讽刺的那样："我多么希望这些火车头能够用在铁路上。"

其次，探险队的领导层人选存在不小的问题。富兰克林经验丰富，但是他的年纪偏大、健康状态不佳。1845 年时富兰克林已经 59 岁了，身高约 168 厘米，但是体重接近 100 公斤，所以不少人认为应该让詹姆斯 · 罗斯带领探险队。罗斯是著名探险家约翰 · 罗斯的侄子，年富力强，只有 45 岁，而且先后三次参加了帕里寻找西北航道的行动，极地经验非常丰富。但是詹姆斯 · 罗斯答应妻子不再参加风险很高的极地探险，因此拒绝了邀请，转而推荐富兰克林承担重任。此外，富兰克林的副手克罗泽自从南极探险归来之后精神萎靡，加上身患抑郁症，其实并不适合担任二把手，但在富兰克林的坚持下加入探险队。这种组合意味着如果年老体弱的富兰克林在极地出了意外，状态不佳的克罗泽就要肩负起保证探险队 100 多人生命安全的重任，这对克罗泽而言是一项过于艰巨的任务。

最后，富兰克林在准备工作中出现了不少疏忽。因为官场失意，富兰克林亟须通过一次成功的极地探险来证明自己的价值。富兰克林的急切心态让他在一些看似无关紧要却影响深远的问题上出现了纰漏。约翰 · 罗斯为防止探险队出意外，建议富兰克林让自己前往加拿大北部建立补给基地，以供不时之需，但是富兰克林认为多此一举，婉拒了罗斯。另外，富兰克林准备让两艘船齐头并进搜寻航道，而没有按照罗斯的建议让一条船留在安全海域做补给基地，派出另一艘进行探险，这意味着两艘船的命运只能死死地绑在一起。

尽管存在诸多隐患，但是在富兰克林和绝大部分探险队员看来，此次极地探险可以说十拿九稳。1845 年 5 月 19 日，“恐怖号”与“幽冥号”起航，踏上了寻找西北航道之旅。

就在探险队出发前，一位叫詹姆斯 · 里德的队员在给妻子的信中承诺这将是他最后一次出海。里德的妻子不会想到，丈夫确实履行了诺言，只不过是用一种她最不希望见到的方式。

失踪谜团与可能的谜底

1845 年 7 月 28 日，“恐怖号”与“幽冥号”到达了巴芬湾，遇到了

图 5-5 冰海中的“幽冥号”军舰

图 5–6　著名探险家约翰·罗斯

两艘捕鲸船，之后就再也没人见过它们的踪迹。

在相当长的一段时间里，几乎没人担心过探险队会遭遇意外，海军部以乐观的态度坐等富兰克林胜利返航的好消息。但是富兰克林的老朋友约翰·罗斯相对谨慎一些，老罗斯多次进行极地探险，对其危险性非常清楚。1846 年 9 月，罗斯预感到探险队可能出现意外，因为按他的估算，如果富兰克林成功发现了西北航道，应该已经有消息传回伦敦，所以罗斯请求海军部立即搜救富兰克林探险队。海军部在征求了其他几位极地探险家的意见后，认为探险队不会有事，因此仅仅通知白令海峡一带的捕鲸船留意探险队的踪迹。

然而到了 1848 年，海军部也意识到探险队可能遇到了大麻烦，在将近三年的时间里，探险队没有一丁点消息传回来，也没有人再见过“恐怖号”与“幽冥号”。从探险队的食物储备来看，除非他们实行严格的配给，否则粮食也即将耗尽，所以，救援行动必须马上开始。

从 1848 年开始，海军部和富兰克林的朋友们组织了多次对探险队的搜寻，他们分别从格陵兰西海岸和白令海峡向极地进发，寻找失踪的探险队。在富兰克林夫人简·富兰克林的呼吁下，法国、美国的军舰加入到了拯救行动中，70 多岁的老罗斯也亲自出马前往极地。

在经过多次徒劳无功的搜寻后，人们终于发现了探险队的零星痕迹，包括 1845 年 6 月探险队封存在金属桶中的行程日志、3 位病逝船员的坟墓和营地遗存，但是“恐怖号”“幽冥号”与包括富兰克林在内的剩余 100 多名探险队员仍然无影无踪。1854 年 1 月，海军部宣布富兰克林探险队全部遇难并中止营救——富兰克林探险队不可能在粮食耗尽的情况下在酷寒的极地中撑过九年。

虽然官方已经放弃搜救，简 · 富兰克林和一些民间探险家仍然想揭示探险队最后的命运。1854 年，多次参与搜救富兰克林探险队的约翰 · 瑞伊从居住在布西亚半岛的因纽特人口中得知，因纽特人曾经目击到了 40 多个白人拖着小船在威廉国王岛的荒原上向南行进，不久之后他们全部饿死在大鱼河附近，在死前这些人被迫吃同类的肉维生。瑞伊从因纽特人手中买到了

图 5-7　探险家麦克林托克

不少探险队的物品，包括富兰克林的勋章和刻有他名字的餐具。

1859 年，简·富兰克林资助的探险家麦克林托克在威廉国王岛取得了关键性的发现，当地因纽特人称富兰克林探险队遗弃了“恐怖号”和“幽冥号”，队员们在向内陆撤退时都被饿死了。不久之后，麦克林托克发现了探险队遗弃的小艇和两具队员遗骸。在菲利克斯角一带，麦克林托克发现了几份探险队的行程记录，根据这几份文件中的记录，从 1846 年 9 月开始，“恐怖号”和“幽冥号”就被困在浮冰中无法动弹。船只被困后，探险队先后有 20 多名官兵死亡，包括富兰克林。1848 年 4 月 22 日，探险队的剩余成员被迫弃船，在克罗泽的带领下登陆威廉国王岛向南行进求援。然而，克罗泽并没能带探险队逃脱死亡的魔爪，在漫长而绝望的行程之中，探险队员们一个接一个地倒在了极地冰冷的荒原上。

虽然富兰克林探险队的悲剧性结局得到了证实，但是究竟是什么原因导致了他们全军覆没仍然争论不休。100 多年以来，富兰克林探险队的一些遗迹被不断发现，“恐怖号”和“幽冥号”的残骸也被找到，科学家们还对部分队员遗骸进行了全面检查，但是仍然缺乏足够的证据来让后人还原富兰克林探险队的全部遭遇。在诸多推测中，一种被广泛接受的观点认为极端天气、食物污染、坏血病共同造成了探险队的覆没。

1846—1847 年的冬天非常寒冷，即便是在距离极地以南千公里之遥的内华达，这场十年间最强烈的寒流仍然造成了灾难性的后果，一只由 80 多人组成的移民队伍被冻死了一大半。在这种罕见的严寒中，“恐怖号”和“幽冥号”被海冰困住几乎无法避免。即便之后探险队弃船撤离，寒冷的天气对于他们仍然是非常严峻的考验，一旦探险队出现粮食不足或者伤病，在酷寒面前必然会有大量的队员死亡。

富兰克林探险队挺进极地时，携带了许多罐头食品。但是根据英国

图 5-8 展现富兰克林探险队最后时刻的油画

海军在 1851 年对罐头供应商戈德纳公司（即为探险队提供罐头的厂商）的调查，这些罐头存在严重的质量问题——许多罐头肉已经腐烂变质，而且罐头密封焊接处大量使用了铅，会严重污染食物。20 世纪 80 年代科学家们在重新检查富兰克林探险队员的遗骸时发现队员们体内的铅含量远远高于常人，罐头很有可能是造成这一后果的元凶。探险队即便发现了罐头的问题也面临着两难困局：如果抛弃变质的罐头会造成粮食不足；如果食用被铅污染的罐头会造成重金属中毒，虽然短期内不会造成死亡，但是会破坏人的中枢神经，让队员们在极端环境中做出错误决策。而在气候恶劣的极地，任何决策错误都可能会造成灾难性的后果。

坏血病是死神收割探险队员生命的另一把利刃。尽管富兰克林探险

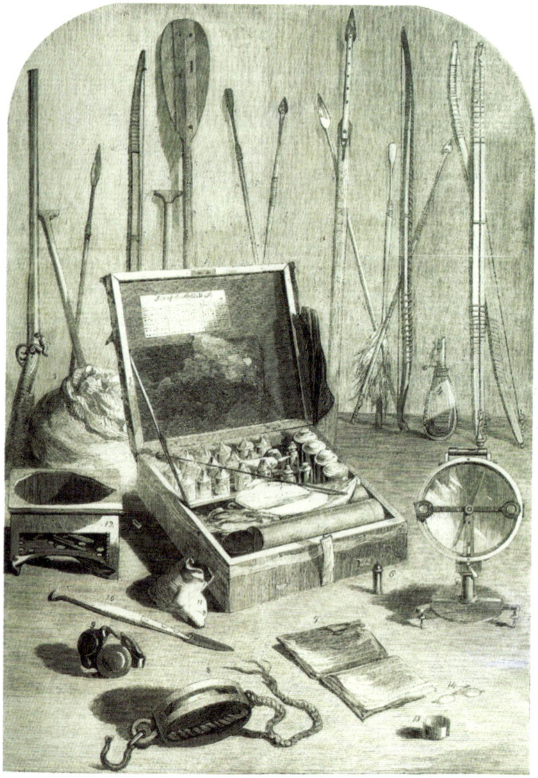

图 5-9 麦克林托克发现的富兰克林探险队遗物

队携带了大量柠檬汁来预防坏血病，但是这些果汁的保质期不到一年，因此在富兰克林的舰只被冰困住之前，他们就已经面临坏血病的威胁了。根据因纽特人的证词，许多探险队员的嘴和牙齿显得又干又黑，这是坏血病的典型症状。坏血病不仅会造成患者牙龈肿胀、无法食用探险队大量携带的硬饼干之类的食物，而且会导致全身乏力、下肢肿胀乃至假性瘫痪。不难想象，当缺乏食物、身患坏血病和铅中毒的探险队员们，冒着十年一遇的严寒弃船向南撤退时，死亡的命运几乎已经注定。

后记

1845 年富兰克林探险队寻找西北航道之旅，是人类极地探索史上最富于悲剧性的一幕。探险队的悲惨结局，晦暗不明、细节模糊的遇难过程，成为许多书籍和影视作品的热门题材，根据不完全统计，最近 30 年有十几本专著探讨了富兰克林和探险队的种种遭遇和最终结局。2018 年，美国 AMC 公司出品的连续剧《极地恶灵》上映，再次引起了公众对于富兰克林探险队的热烈讨论。然而，在剧中富兰克林和许多探险队员的死被归因于虚构的怪物“Tuunbaq”。探险队在极地可能的遭遇，被用一种更加现代、更加吸引眼球，同时也更加远离历史真相的方式进行了解构与重塑。

作为杰出的极地探险家，富兰克林爵士在其身后享受了极高的哀荣，英国本土和其海外自治领修建了许多他的塑像和纪念碑，其中最为精练、传神地总结了富兰克林一生追求的，可能莫过于坦尼森爵士为他所撰写的墓志铭：

埋骨之处，北境茫茫。
但你水手的英灵，
正幡然翱翔，
去往天堂。

邮票上的中非友谊
——1949 年至 1978 年

文｜天津博物馆历史研究部　苏芃芃

邮票是供寄递邮件贴用的邮资凭证，一般由主权国家发行。邮票的方寸空间，常体现一个国家或地区历史、经济、文化等方面的特色。因为中非友谊源远流长，中国与非洲在近代又有相似的历史遭遇，新中国成立后，双方关系更加密切，所以非洲元素多次出现在新中国的"国家名片"邮票上，这些邮票在设计上独具匠心，富有时代特征，本文选取1949 年至 1978 年间新中国发行的涉及中非关系的邮票，让大家来了解一下这段时期的中非友谊。

中非友谊的起步

新中国成立之初，受到国内外形势的影响和制约，中国与非洲国家间的关系处于萌芽和起步阶段，亚非会议后中非关系才有了深入发展。

二战后世界局势发生巨大变化，整个亚洲和北非的民族解放斗争蓬勃发展。1949 年中华人民共和国成立后，中国基于自身的历史文化和当时的外交形势，努力探寻新的道路，力图突破西方国家的封锁，与世界所有国家和民族交往。这时，非洲大陆正努力摆脱西方殖民枷锁，成立了很多新兴的国家。非洲大陆的新变化引起了中国的注意。

基于两国交往的悠久历史和近代相似的历史遭遇，也出于现实的需要，1951 年 10 月 23 日，毛泽东主席在中国人民政治协商会议第一届全国委员会第三次会议的开会词中指出二战后世界局势发生的巨大变化，“许多人民民主国家成立了……整个亚洲和北部非洲的民族解放斗争蓬蓬勃勃地起来了”，指出中国人民要“好好地和一切人民民主国家团结一致，好好地和世界上一切同情我们的民族和人民团结一致”。[1] 此后，中国共产党开始把亚非国家的民族解放运动与中国革命和建设的外部环境问题联系起来，积极关注非洲大陆的民族解放运动发展情况。在这样的背景下，非洲元素第一次出现在了新中国的邮票上。1952 年 4 月 12 日至 4 月 16 日，由国际民主妇女联合会和各国知名人士共同发起的国际保卫儿童会议在奥地利的维也纳举行，参加会议的有苏联、中国、捷克、美国、英国、德意志民主共和国等 64 个国家，540 名代表。[2] 大会号召全世界各国成立保卫儿童委员会，进一步推进保卫世界和平运动，保护儿童健康，使儿童获得受教育的权利，使儿童在正常的道德和文化发展中成长。1952 年 4 月 12 日，为了庆祝这次会议的召开，中华人民共和国邮电部发行纪 14《国际保卫儿童会议》邮票，全套 2 枚，面值为 400 元

[1] 毛泽东：《在全国政协一届三次会议上的讲话》，见《毛泽东文集（第 6 卷）》，人民出版社 1999 年版，第 186 页。

[2] 李厚禄：《从邮票档案看纪 14 邮票图名》，《集邮博览》2017 年第 1 期。

图 6-1　1952 年 4 月 12 日，纪 14《国际保卫儿童会议》邮票（绿色，400 圆）

图 6-2　1952 年 4 月 12 日，纪 14《国际保卫儿童会议》邮票（蓝色，800 圆）

（圆，绿色）、800 元（圆，蓝色），由著名邮票设计师孙传哲设计。两枚邮票图案均为一支巨大健壮的手臂，护卫着世界各国不同肤色的儿童，图案下方有“国际保卫儿童会议”字样，寓意为在国际保卫儿童会议的旗帜下，儿童们受到保护。图案中包括非洲儿童的形象，邮票从侧面体现了中国对非洲大陆的关注，以及中国外交的开阔视野和全球性战略布局。

此后，在党和人民的共同努力下，中非交往获得了突破并向前推进。中国人民也渐渐对非洲有了了解。周恩来总理作为新中国外交事业的重要奠基人，在发展中非关系的过程中发挥了重要作用。1954 年，他在第一届全国人民代表大会第一次会议的《政府工作报告》中提出，希望同“非洲国家发展事务性的关系，以增加互相的接触和了解，并创造建立正常关系的有利条件”[1]。当时，虽然大多数中

[1] 龙向阳:《新中国对非洲关系的缘起》,《非洲研究》2015 年第 1 期。

国人对非洲还不了解，中央政府也没有形成具体的对非政策，但周恩来总理对发展中非关系的希望，表达了中华人民共和国的基本立场。

中非关系的进一步发展

1955 年 4 月 18 日至 24 日，亚非会议在印度尼西亚万隆召开，因开会地点在万隆，也叫万隆会议。[1] 这是亚非国家和地区第一次在没有殖民国家参加的情况下讨论亚非人民切身利益的大型国际会议。[2] 中华人民共和国代表团在周恩来总理的率领下参加了这次会议。就中非关系而言，这次会议是一座里程碑，它为中国与非洲国家的领导人提供了直接的、面对面的接触机会，使中国同非洲国家之间建立了初步的相互了解，为中国建立和加强同若干非洲国家的事务和外交关系创造了条件，开启了中非关系的大门。[3] 会议强调了促进亚非区域经济发展的迫切性，指出了亚非国家之间经济发展的正确方向和发展前景，为日后中国与非洲国家开展经济合作和争取国际经济新秩序奠定了基础。会议也为中非开展密切的文化交流提供了指导。《亚非会议最后公报》中《关于促进世界和平与合作的宣言》，提出了载入史册的十项原则，是对国际关系准则的重要贡献，反映了亚非人民争取和保障民族独立、反对侵略战争、维护世界和平、促进亚非国家团结合作的共同愿望，被称为万隆精神。[4]

此后，中国积极发展与非洲国家的友好交往。1956 年

[1] 谢迪斌：《万隆会议与新中国形象的国际塑造》，《中共党史研究》2019 年第 9 期。

[2] 谢迪斌：《万隆会议与新中国形象的国际塑造》，《中共党史研究》2019 年第 9 期。

[3] 刘雯：《1949 年以来中国对非文化外交研究》，博士学位论文，武汉大学法学院，2015 年，第 75 页。

[4] 王俊峰：《浅析万隆精神及其现时代意义——纪念亚非会议召开 50 周年》，《思想理论教育导刊》2005 年第 5 期。

5月30日，中国与埃及建交，开启了新中国与非洲国家建交的先河，翻开了中非友谊的新篇章。[1]20世纪五六十年代，中国先后与非洲大陆的数十个年轻国家的建交，成为推进中国外交工作的一个关键战略支点。发展中非关系，起初主要基于中国外交的现实需要，但从长远看，它是新中国走向世界，形成中国外交全球战略布局的关键性一步。中国也越来越多地把非洲的民族解放运动与中国革命和建设的外部环境问题联系起来，对非洲大陆的关注逐渐增加。在这样的环境下，非洲元素不断出现在新中国的“国家名片”上。

1959年5月1日，为纪念当时迅猛发展的国际工人运动和民族解放斗争，展示我国劳动人民的新面貌，国家邮电部发行纪61《国际劳动节》邮票，孙传哲设计，全套3枚，图案分别为“学习马列主义”（蓝色，4分），“全世界无产者联合起来”（红色，8分），“庆祝‘五一’节”（绿色，22分）[2]，表现了中国劳动人民在马克思主义旗帜下与全世界无产者一道，庆祝自己的节日。其中第二枚邮票的图案为三只不同肤色的手紧握一面印有“全世界无产者联合起来”的红旗，红旗下端插在地球上，三只手的颜色从上到下依次为白色、黄色、黑色，表示非洲人民同世界各国人民团结在一起，为独立和自由而奋斗。整套邮票主题鲜明，充满节日气氛，也反映了中国对非洲民族解放运动和世界民族解放斗争的认识，以及对发展中非友谊的期待。同年7月25日，为纪念第一届世界保卫和平大会10周年，进一步宣传和推动世界和平运动，中国邮电部发行

[1] 余建华：《中国与埃及关系六十年：回顾与前瞻》，《阿拉伯世界研究》2016年第5期。

[2] 张建伟：《劳动者的节日》，《中国邮政报》2006年4月28日。

图 6-3 1959 年 7 月 25 日，纪 63《世界和平运动》邮票（棕色，8 分，约里奥·居里像）

图 6-4 纪 63《世界和平运动》邮票（紫色，22 分，黑、黄、白三种不同肤色人像剪影）

纪 63《世界和平运动》邮票，刘硕仁、韩象琦设计，全套两枚，图案为“约里奥 · 居里像”（8 分，棕色），“黑、黄、白三种不同肤色人像剪影”（22 分，紫色）。[1] 其中，22 分邮票图案正中是黄、白、黑三种不同肤色人的侧面头像剪影，他们胸前停留着一只白色的和平鸽，鸽子旁边有橄榄叶的装饰。这三者组成了一个完整的图案，象征着包括非洲人民在内的世界各国人民为争取和平美好的生活而团结一致、共同奋斗，突出了邮票主题。

[1] 崔金平:《我国发行的外国人物邮票其实很多》,《中国集邮报》2010 年 8 月 3 日第 5 版。

60 年代的中非关系

1960 年前后，中国面临着空前严峻和复杂的国际形势。一方面，以美国为代表的西方国家坚持对中国实行孤立封锁政策，另一方面，同属社会主义阵营、曾经关系亲密的苏联，也开始与中国频频交恶。同时，世界的另一边正发生翻天覆地的变化。20 世纪 50 年代后期，非洲的民族解放运动空前发展。1955 年亚非会议时，非洲的独立国家只有 4 个，到了 1963 年底，已增至 34 个。[1] 仅 1960 年，就有 17 个非洲国家获得独立，史称“非洲独立年”。[2] 因此，毛泽东、周恩来等国家领导人敏锐地察觉到，非洲的新兴独立国家已经作为一支重要的政治力量登上国际舞台，新中国要想打破政治封锁、开拓外交新局面，契机就在遥远的非洲。1960 年 3 月 8 日发行的纪 76《“三八”国际劳动妇女节 50 周年》邮票，万维生设计，全套 4 枚，分别为“‘三八’国际劳动妇女节创始人克拉拉·蔡特金像”，“保卫母亲、保卫儿童”，“妇女参加社会主义建设”，“世界妇女大团结”。第四枚邮票图案为欧洲、亚洲、非洲妇女的头像，这是新中国邮票上第一次出现非洲妇女的形象。

新兴独立国家作为一支重要的政治力量登上国际舞台后，为了冲破西方大国对体育事业的垄断，举行了第一届新兴力量运动会。运动会是由印度尼西亚总统苏加诺提议发起的，于 1963 年 11 月 10 日至 22 日，在印度尼西亚首都雅加达举行，共有来自亚洲、非洲、欧洲、拉丁美洲的 2404 名运动员参加。[3] 中国对“新运会”非常重视，派出了由 229 名运动员组成的参赛队伍。[4] 新兴力量运动会冲破了西方大国对体育事业的垄断，鼓舞了新兴独立国家争取平等权利的斗志，给国际体坛带来了新风气，在世界引

[1] 蒋华杰：《冷战时期中国对非洲国家的援助研究（1960—1978）》，博士学位论文，华东师范大学历史系，2014 年，第 160 页。

[2] 蒋华杰：《冷战时期中国对非洲国家的援助研究（1960—1978）》，博士学位论文，华东师范大学历史系，2014 年，第 160 页。

[3] 尤传豹：《国际政治视域下新兴力量运动会的成因及影响》，《南京体育学院学报》（自然科学版）2017 年第 6 期。

[4] 熊晓正、钟秉枢编：《新中国体育 60 年》，北京体育大学出版社 2010 年版，第 45 页。

起了震动。1963 年 11 月 17 日，为祝贺第一届新兴力量运动会胜利举行，邮电部发行纪 100《第一届新兴力量运动会》邮票，由孙传哲、吴建坤、周令钊设计，全套 5 枚，图案分别为“足球”（8 分）、“铁饼”（8 分）、“新兴力量大团结”（10 分）、“游泳”（8 分）、“体操”（8 分）。4 枚 8 分邮票的图案均取材于参赛运动员的动作造型。唯一的 10 分邮票图案为不同肤色的运动员携手向前。画面通过描绘来自不同大洲的运动员，不分种族，不分信仰，挽手并肩，朝气蓬勃地行进在绿茵大道上，显示出新兴力量的大团结已形成一股汹涌澎

图 6-5　1963 年 11 月 17 日，纪 100《第一届新兴力量运动会》邮票（8 分，足球）

图 6-6　1963 年 11 月 17 日，纪 100《第一届新兴力量运动会》邮票（8 分，铁饼）

图 6-7　1963 年 11 月 17 日，纪 100《第一届新兴力量运动会》邮票（8 分，游泳）

图 6-8　1963 年 11 月 17 日，纪 100《第一届新兴力量运动会》邮票（8 分，体操）

图6-9　1963年11月17日，纪100《第一届新兴力量运动会》邮票（10分，新兴力量大团结）

湃的巨流，势不可当，也表达了中国对包括非洲在内的新兴独立国家的重视以及同这些国家友好交往的期待。

为了发展同新兴独立国家的外交关系，1963年12月到1964年2月，周恩来总理一行访问亚非14国。其中包括埃及、阿尔及利亚、摩洛哥、突尼斯、加纳、马里、几内亚、苏丹、埃塞俄比亚、索马里等10个非洲国家。[1] 周恩来总理的非洲之行，是新中国的国家领导人第一次对非洲国家进行正式友好访问。这次访问表达了中国对非洲民族解放斗争的支持，增强了中国同非洲的团结与合作，提高了中国在国际上的地位和声望，对维护世界和平产生了重大而深远的影响，中非关系也从此进入了一个全面发展的新阶段。在访问过程中，周恩来总理根据万隆精神和和平共处五项原则，宣布了同非洲国家发展国家关系五项原则

[1] 童小鹏：《我随周恩来访问亚非欧十四国》，《漳州职业大学学报》2001年第1期。

和中国对外经济援助八项原则。[1] 这些原则的提出，充分体现了中国同广大亚非国家在相互尊重、平等、互利的基础上进行经济、文化合作的真诚愿望。在这次访问中，中国与突尼斯实现了正式建交。埃塞俄比亚也在周恩来总理到访后的几年内与中国建交。此后四十年间，绝大多数非洲国家都与中国建立了正常的外交关系。此后，非洲元素更加频繁地出现在新中国“国家名片”上。

1964年4月12日，在周恩来总理结束访问非洲后不久，邮电部发行了纪103《庆祝非洲自由日》邮票，以庆祝“非洲自由日”诞生六周年。“非洲自由日”是由1958年4月15日至22日在加纳首都阿克拉举行的非洲独立国家会议决定的。[2] 这套邮票由孙传哲设计，全套2枚，面值均为8分，图案分别为“中非友好”和“战鼓”。“中非友好”的主体图案是一个中国工人和一个穿着民族服装的非洲人携手前进，人物表情友好热烈，充满信心。[3] 背景是一轮红日冉冉升起，象征着非洲人民必将迎来独立、自

❶ 郑先武：《万隆会议与东南亚区域主义发展》，《世界经济与政治》2015年第9期。

❷ 李潜虞：《中国对亚非人民团结大会的政策（1957—1965）》，《外交评论》2012年第4期。

❸ 周洪林：《方寸邮票见证中非友谊》，《集邮博览》2018年第10期。

中非友好　　战鼓

图6-10　1964年4月12日，纪103《庆祝非洲自由日》邮票

由、解放的曙光。[1]“战鼓”的图案刻画了一位非洲人拍击战鼓的形象，人物表情坚毅果敢，动作强劲有力，富有阳刚之气，象征着非洲人民在战斗中即将迎来胜利的黎明。[2]整套邮票设计简洁有力，充满战斗精神，表达了中国人民对非洲民族解放运动的支持以及两地人民的珍贵友谊。

1965 年 4 月 18 日，恰逢万隆会议召开十周年，为纪念这次历史性会议，中国邮电部发行纪 110《万隆会议十周年》邮票，万维生设计，全套 2 枚，面值均为 8 分，图案分别为“万隆会议会场外景”和“亚非人民欢庆团结”。第一枚邮票为万隆会议会址——位于印度尼西亚万隆旧城区市中心的独立大厦，现为亚非会议纪念馆。第二枚邮票图案为亚非各国人民共同庆祝万隆会议召开十周年。整套邮票充满了喜庆气氛，表达了亚非人民对万隆精神的热爱

[1] 周洪林：《方寸邮票见证中非友谊》，《集邮博览》2018 年第 10 期。

[2] 周洪林：《方寸邮票见证中非友谊》，《集邮博览》2018 年第 10 期。

图 6-11　1965 年 4 月 18 日，纪 110《万隆会议十周年》邮票（8 分，万隆会议会场外景）

图 6-12　1965 年 4 月 18 日，纪 110《万隆会议十周年》邮票（8 分，亚非人民欢庆团结）

和尊重，也展示了亚非人民团结一致，反对帝国主义和殖民主义，争取和维护民族独立，为世界和平做贡献的决心，是中国人民同亚非各国人民友谊的见证。

20 世纪 60 年代，在国际舞台上，中国和非洲始终相互同情，相互支持。中国对于非洲人民争取民族独立的斗争，给予道义、物质上的支持。中国在自身经济十分困难的情况下，积极帮助非洲国家发展经济，并提供物质和技术上的援助。中国援外专家吃苦耐劳的高尚精神在非洲人民中间广为传颂。在中国的帮助下，许多非洲国家已经蓬勃发展，经济发展迅速，开始摆脱贫困与饥饿，工业化进程也稳步推进。中国对非洲国家的援助，造福了非洲人民。20 世纪 60 至 70 年代，坦赞铁路是当时中国最著名的援外成套项目。1967 年 9 月 5 日，中国与坦桑尼亚、赞比亚签订《中华人民共和国政府和坦桑尼亚联合共和国政府、赞比亚共和国政府关于修建坦桑尼亚—赞比亚铁路的协定》，决定由三国合建铁路。1970 年 10 月开工，1975 年 6 月完成全线的铺轨任务。1976 年 7 月 14 日，中国援建的坦赞铁路全线正式通车。该铁路自坦桑尼亚首都达累斯萨拉姆起，在坦桑尼亚境内跨 976 公里，后入赞比亚境内 884 公里，在卡皮里姆与赞比亚旧有铁路接轨，全长 1860 多公里，经过路段地形复杂，施工艰巨。其修建与通车表明了中非之间的合作与友谊。2006 年是铁路运营 30 周年，为了表示纪念，坦桑尼亚邮政和赞比亚邮政于当年联合发行了《坦赞铁路通车 30 周年》邮票一套。邮票由中国著名集邮家朱祖威先生设计，中国人民对外友好协会赞助印制，10 月 25 日开始在坦桑尼亚和赞比亚各发行 4 万套。全套邮票由 6 枚组成，分别是铁路建设合作协议签字仪式、起点终点车站以及坦桑尼亚和赞比亚境内铁路桥梁的画面。这套邮票展现了中国、坦桑尼亚和赞比亚人民之间的友谊以及三国在经济建设和文化发展中的合作。邮票的发行有助于进一步促进三国政府和人民之间的友谊与合作。坦赞铁路也登上过中国的邮品，中国邮政为纪念中国和坦桑尼亚建交35周年，于1999年发行了纪念封，纪念封上的纪念戳图案即为坦赞铁路的图案。

中国对于非洲人民民族独立运动的支持，在这一时期的邮票上有所展现。阿尔及利亚位于非洲西北部，原为法国殖民地。1954年，阿尔及利亚革命组织“团结与行动委员会”（后改称“民族解放阵线”）成立，从此展开了反抗法国殖民统治的斗争。[1] 1962年7月，阿尔及利亚正式宣告独立。[2] 1962年7月10日邮电部发行了特52《支持阿尔及利亚民族解放斗争》邮票，孙传哲设计。这套邮票是为了纪念阿尔及利亚独立而发行的，全套2枚，图案分别是“火炬及地图”（8分），“战斗的阿尔及利亚战士”（22分）。8分邮票主图为火炬和阿尔及利亚地图，燃烧的火炬象征着阿尔及利亚人民反抗殖民统治的斗争及其光荣的胜利，地图正中印有“支持阿尔及利亚解放斗争”字样。22分邮票主图描绘阿尔及利亚战士手持武器、冲锋陷阵的场面，背景为阿尔及利亚国旗。

毛泽东主席一直支持非洲裔美国人的反种族歧视斗争。1963年8月8日，他发表《呼吁世界人民联合起来反对美国帝国主义的种族歧视、支持美国黑人反对种族歧视的斗争的声明》。[3]1968年4月16日，他又发表《支持美国黑人抗暴斗争的声明》。[4]1968年5月31日，邮电部发行文9《中国共产党中央委员会主席毛泽东同志支持美国黑人抗暴斗争的声明》邮票，全套一枚，面值8分，孙传

[1] 刘苏涛：《阿尔及利亚民族解放阵线反法斗争研究（1954—1962）》，硕士学位论文，西北大学公共管理学院，2015年，第10页。

[2] 刘苏涛：《阿尔及利亚民族解放阵线反法斗争研究（1954—1962）》，硕士学位论文，西北大学公共管理学院，2015年，第10页。

[3] 于展：《美国民权运动中的中国因素》，《全球史评论》2014年第7辑。

[4] 于展：《美国民权运动中的中国因素》，《全球史评论》2014年第7辑。

哲设计。邮票图案是毛泽东主席像和“声明”的摘录。在声明中，毛泽东主席号召世界各国的工人、农民、革命知识分子和一切反对美帝国主义的人们行动起来，给予非裔美国人的抗暴斗争最有力的支持。邮票展现了我国支持反种族歧视的立场以及为此做出的巨大贡献。

70 年代的乒乓外交

20 世纪 70 年代，为改善国际关系，增进与世界各国的友好往来，提高我国的国际声望，中国开始实施“乒乓外交”。“乒乓外交”推动了中美两国外交关系的恢复，也巩固了中国与亚非拉国家的友谊。1971 年 4 月在日本名古屋举行第 31 届世界乒乓球锦标赛。其间，毛泽东主席邀请美国乒乓球队访华。4 月 10 日至 17 日，美国乒乓球队访问中国，于 4 月 14 日在人民大会堂受到周恩来总理的接见。[1] 同年 11 月，在北京举行了亚非乒乓球友好邀请赛，有 51 个亚非国家和地区的乒乓球代表队参加。中国队获得女子团体、女子单打和男子双打三项冠军。[2] 邀请赛的成功举办，增进了亚非拉人民之间的友谊与团结，促进了亚非拉乒乓球运动的发展，也间接促进了中国同非洲国家的交往和非洲国家体育事业的发展。为庆祝邀请赛成功举办，国家邮政总局于 1971 年 11 月 3 日发行了编 21—24《亚非乒乓球友好邀请赛》邮票，全套 4 枚，张克让设计。其中第一枚邮票面值为 43 分，其他 3 枚均为 8 分。第一枚邮票“邀请赛纪念章”，画面为绿色背景上的白、

[1] 李洪山：《中美文化冷战结束之开端——“乒乓外交”新探》，《社会科学论坛》2012 年第 6 期

[2] 黄仁国：《政治、经济与教育的三向互动——1949—1978 年的中美教育交流》，博士学位论文，湖南师范大学历史文化学院，2010 年，第 68 页

金两色会徽。第二枚邮票“热烈欢迎亚非朋友”，画面为手持鲜花欢迎各国朋友的中国人民。第三枚邮票“互相学习共同提高”，画面为各国运动员互相切磋球艺。第四枚邮票“亚非人民的友谊”，画面以绿色为背景，在鲜花簇拥中，亚非两大洲运动员并肩面向未来，左上角为天安门背景图案。第三、四枚邮票上均绘有非洲运动员的形象。

1971 年 11 月，亚非邀请赛扩大为亚非拉乒乓球邀请赛。1973 年 8 月 25 日至 9 月 7 日，中国继续在北京举办第一届亚非拉乒乓球邀请赛，有 86 个国家和地区的代表队参加，我国运动员获男团、女团、混双三项冠军。[1] 1973 年 8 月 25 日，为纪念这一体育盛会，邮电部发行了编 91—94《亚非拉乒乓球友好邀请赛》邮票，张克让设计，

[1] 吴焕群：《中国乒乓球运动三十年》，《中国体育科技》1984 年第 5 期。

图 6-13　1973 年 8 月 25 日，编 91—94《亚非拉乒乓球友好邀请赛》邮票（8 分，亚非拉乒乓球友好邀请赛标志）

图 6-14　1973 年 8 月 25 日，编 91—94《亚非拉乒乓球友好邀请赛》邮票（8 分，热烈欢迎亚非拉朋友的到达）

图 6-15 1973 年 8 月 25 日，编 91—94《亚非拉乒乓球友好邀请赛》邮票（8 分，女乒乓球运动员）

图 6-16 1973 年 8 月 25 日，编 91—94《亚非拉乒乓球友好邀请赛》邮票（22 分，团结和友谊）

全套 4 枚。前 3 枚邮票面值均为 8 分，图案分别为“亚非拉乒乓球友好邀请赛标志”“热烈欢迎亚非拉朋友的到达”“女乒乓球运动员”。第四枚 22 分邮票为“团结和友谊”。其中第二枚邮票和第四枚邮票上都有非洲运动员的身影。邮票的设计风格与“编 21—24”形成延续，也由 4 枚构成，设计人员在绘制样稿时参考了当时的宣传画，画面色彩丰富，充满欢庆气氛。

“乒乓外交”开创了一个以人民之间的友谊促动国家之间的交流与和解的成功模式，而这种外交模式的载体正是跨越国界和意识形态障碍的体育交流。两次邀请赛的成功举办意义重大，是我国“乒乓外交”取得成功的象征，不仅展示了我国体育事业取得的成就，而且通过比赛促进了我国与亚非拉国家的友好交流与共同发展。

20 世纪 70 年代，伴随着国际关系的改善，以及同世界各国交往的增加，我国的国际声望日益提高，中国越来越多地加入各种世界性组织，更加积极地参与各种国际性事务。万国邮政联盟成立于1874年10月，总部设在瑞士伯尔尼，是最早的世界性的组织之一。中国于1914年加入该组织，1949年后，中国一直希望重新加入该联盟。1972年，中国恢复了在万国邮政联盟的合法席位。[1]参加万国邮政联盟，加强了中国与世界各国的邮政联系，加强了邮政业务和技术上的国际合作，促进了中国国际邮政业务的发展，同时，也扩大了中国的国际影响。1974年，在万国邮政联盟成立100周年之际，邮电部于当年5月15日发行J1《万国邮政联盟成立100周年纪念》邮票，全套3枚，面值均为8分，杨白子、叶武林、邓锡清设计，图案分别为“人民邮递员”“团结和友谊”“万里长城”。三幅图案上均绘有万国邮政联盟的徽志，以示其独特的纪念意义。第二枚邮票的图案描绘了五位不同国籍、不同肤色的人物聚在一起，面带微笑，亲密无间，最中间的人物为非洲人形象。画面充满善意和友爱，象征万国邮联作为国际性的邮政组织，冲破了国界，打破了地域界限，密切了国际联系，将世界各国人民连在一起。20世纪70年代，在亚非拉国家特别是非洲国家的支持下，中国终于重返联合国，此后，中国国际声望日益提升，对各种国际性事务的参与度不断提高，与世界各地的联系更加密切，进一步促进了中非友谊，将非洲与世界更加紧密地联系在一起。

[1] 楼旭明、邹龙:《现代邮政业务与组织管理》，人民邮电出版社2013年版，第231页。

结语

从 1949 年至 1978 年中华人民共和国发行的邮票可以看出，中非友谊源远流长，有着坚实的基础。中国与非洲国家有着相似的历史遭遇，在争取民族解放的斗争中始终相互同情、相互支持，结下了深厚的友谊。新中国的成立开创了中非关系新纪元。此后，双方关系不断密切。中国向非洲国家提供了力所能及的援助，非洲国家也给予中国诸多有力的支持。源远流长的中非友谊不但继续了历史的传承，而且不断取得新的成就。

（注：本文所有邮票图片均来源于《中国邮票全集（2016 年版）》，人民邮电出版社 2016 年版）

中國國家歷史

历史探索

南昌汉代海昏侯国遗址博物馆航拍图（南昌汉代海昏侯国遗址博物馆 供图）

南昌汉代海昏侯国遗址博物馆外的雁鱼灯造型灯（乐腾飞/摄）

海昏侯墓出土青铜豆型灯，其灯沿和底座上各有一个“南昌”铭文，故称之为“南昌”灯（乐腾飞 / 摄）

十件器物看刘贺跌宕的一生

文 | 洛阳职业技术学院文物保护考古学院　杨全
南昌汉代海昏侯国遗址博物馆　周里玲

小引

（昌邑）城东十三里江边名慨口，昌邑王（案：指刘贺）每乘流东望，辄愤慨而还，故曰慨口。

——《豫章记》

显赫家世

刘贺身世显赫，雄才大略的汉武帝刘彻是他的爷爷，“一顾倾人城，再顾倾人国”的李夫人之子、第一代昌邑王刘髆乃其父。始元元年（前 86）[1]，刘髆薨（天汉四年六月乙丑立，十一年薨）[2]，谥号哀，年仅 6 岁的刘贺即位为第二代昌邑王。生于深宫之中，长于妇人之手，

[1] 汉书载后元元年，辛德勇先生提出“后元”系“始元”之讹，见辛德勇著:《海昏侯刘贺》之“刘贺年表”。

[2]（东汉）班固:《汉书·武五子传》，中华书局1962年版，第2765页。

刘贺在缺少父爱约束的昌邑宫中，度过了无忧无虑的童年，富庶的昌邑国（封地在今天山东巨野县东南一带、定陶的东面[1]）不仅为刘贺提供了锦衣玉食，更支撑起他身后的巨额财富。少不经事也为他后来的悲剧人生埋下了伏笔。

[1] 辛德勇:《海昏侯的财富与昌邑国的地理优势》,《大众考古》2016年第8期。

刘贺家族世系表(辛德勇:《海昏侯刘贺》)

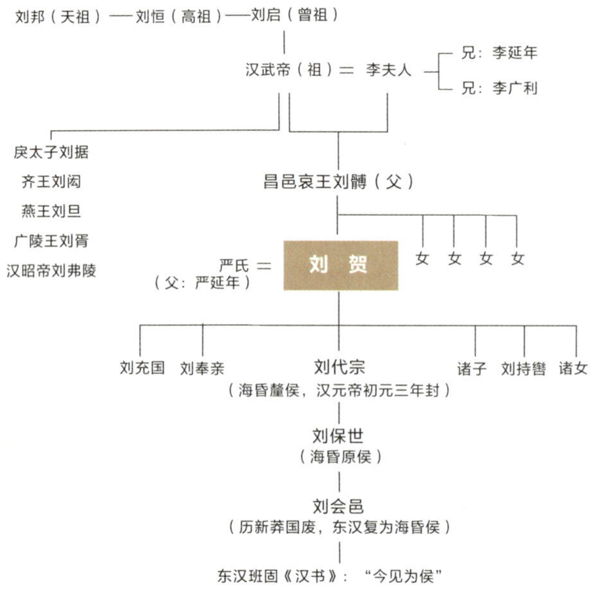

时间来到公元2011年，在这一年的3月23日，南昌市新建区大塘坪乡观西村墎墩山上的一座古代墓葬遭到盗掘，江西省文物考古研究所闻讯后立即派员进行现场勘查，后经国家文物局同意，着手对墓葬进行抢救性考古发掘。[2] 随着考古工作的深入，一座惊世大墓揭开了尘封两千余年的传奇往事。

[2] 江西省文物考古研究所、南昌市博物馆、南昌市新建区博物馆:《南昌市西汉海昏侯墓》,《考古》2016年第7期。

二十七天的皇帝

元平元年（前 74），汉昭帝死而无后，权臣大将军霍光让刘贺参加昭帝的葬礼，这无异于喜从天降。缺乏政治历练的刘贺按捺不住年少（其时十八九岁）的渴望，先是“夜漏未尽一刻，以火发书”，随后日中便向长安进发，到晡时（申时，即十五时至十七时）就疾驰了 135 里，到了定陶，连侍从者的马都死于途中。因出发匆忙，途中不断地补采所需之物，长鸣鸡、积竹杖和美女样样都不能少。

到长安之后，在权臣霍光的拥立下，刘贺成为西汉第九位皇帝，但好景不长，史书载其“受玺以来二十七日，使者旁午，持节诏诸官署征发，凡一千一百二十七事”[1]，旋遭废黜。

历史记载所呈现的面貌果真就是历史真实？刘贺真就“荒淫迷惑，失帝王礼谊，乱汉制度”[2]？《汉书》记载，刘贺曾受到良好的儒学熏陶。昌邑国郎中令龚遂、中尉王吉、郎中张安等人常常用《诗经》《尚书》等儒家经典来教导他，并让他学习侯王的礼仪举止[3]。此外，传授《鲁诗》的王式曾“以《诗》三百五篇朝夕授王，至于忠臣孝子之篇，未尝不为王反复诵之也；至于危亡失道之君，未尝不流涕为王深陈之也”[4]。有了良好的儒学教育做支撑，当与霍光对诘时，刘贺在朝堂之上熟稔地引《孝经》争辩道，“闻天子有争臣七人，虽亡道不失天下”[5]。

[1]（东汉）班固：《汉书·霍光传》，中华书局 1962 年版，第 2944 页。

[2]（东汉）班固：《汉书·霍光传》，中华书局 1962 年版，第 2944 页。

[3]（东汉）班固：《汉书·循吏传》，中华书局 1962 年版，第 3638 页。

[4]（东汉）班固：《汉书·儒林传》，中华书局 1962 年版，第 3610 页。

[5]（东汉）班固：《汉书·霍光传》，中华书局 1962 年版，第 2946 页。

图 7-1 《孝经》简[1]

刘贺墓主椁室文书档案库发现有 5200 余枚简牍，其中正有《孝经》简。海昏简牍也囊括了《六艺略》的内容——《诗经》《礼记》类、祠祝礼仪类、《论语》《春秋》经传及《孝经》类[2]，可知刘贺并非一位荒唐君王。诚如吕思勉先生云："史所言昌邑王罪状，皆不足信。"[3]

十一载平民

被废黜的刘贺落寞地回到昌邑故国，依靠侮辱性的"两千户汤沐邑"[4]过活，而此时，昌邑国也被除，成为山阳郡。不过，"故王家财物"[5]还是留给了他。

这件贴金人物动物纹银釦长方奁出土于刘贺墓西藏椁的娱乐用具库，木胎斫制，外表髹漆，盒、盖之间以子母口相扣合，上下口沿均镶嵌有银釦。盒身内髹红漆，底部绘云气纹。漆表还贴以金箔剪成的纹饰，精美异常。

"蜀郡工官"和"广汉郡工官"是汉朝中央政府设立的著名工官，时称其生产的漆器为"金银器"，即"金银釦器"，主要供给宫廷和皇室成员。[6] 信立祥先

[1] 江西省文物考古研究院、北京大学出土文献研究所、荆州文物保护中心：《江西南昌西汉海昏侯刘贺墓出土简牍》，《文物》2018 年第 11 期。

[2] 江西省文物考古研究院、北京大学出土文献研究所、荆州文物保护中心：《江西南昌西汉海昏侯刘贺墓出土简牍》，《文物》2018 年第 11 期。

[3] 吕思勉：《秦汉史》，上海古籍出版社 1982 年版，第 154 页。

[4]（东汉）班固：《汉书·武五子传》，中华书局 1962 年版，第 2765 页。

[5]（东汉）班固：《汉书·武五子传》，中华书局 1962 年版，第 2765 页。

[6] 白云翔：《汉代"蜀郡西工造"的考古学论述》，《四川文物》2014 年第 6 期。

图 7-2　贴金人物动物纹银釦长方奁（南昌汉代海昏侯国遗址博物馆 供图）

生认为，这件方奁很可能就出自广汉郡工官。必然是昌邑故宫之旧物。

墓中还出土裹蹏金 48 件，麟趾金 25 件。裹蹏金仿天马之足而铸，状如马蹄，俗称“马蹄金”。麟趾金形如瑞兽麒麟之足。它们都采用花丝镶嵌等细金工艺精制，其花丝纹样有正花丝、压扁素丝、反花丝、巩丝、码丝、赶珠丝环和金珠等。底部铸有“上”“中”“下”字样。顶部还镶嵌有琉璃及玉石，经检测，成分有软玉、蛋白石、铅钡玻璃和高铅玻璃等。从质地保存较好的镶嵌物来看，其表面经过打磨抛光处理，十分

图 7-3　裹蹏金（南昌汉代海昏侯国遗址博物馆 供图）

图 7-4　麟趾金（南昌汉代海昏侯国遗址博物馆 供图）

光洁。皆采用置于内壁四只抱爪上包镶的镶嵌工艺。[1]《汉书·武帝纪》载："(太始)二年(前95年)春正月，行幸回中。三月诏曰：'有司议曰，往者朕郊见上帝，西登陇首，获白麟以馈宗庙，渥洼水出天马，泰山见黄金，宜改故名。今更黄金为麟趾、褭蹏以协瑞焉。'因以班赐诸侯王。"[2]即汉武帝把黄金做成这般形状是因为他在陇山之巅获得了白色的麒麟，又在渥洼水(水名，属汉敦煌郡)中得到了神异的"天马"，并且获得了泰山黄金，故将此三者结合，铸成麟趾金和褭蹏金来赏赐诸侯[3]，刘贺墓出土的麟趾金和褭蹏金等都应源于昌邑故宫，是汉武帝赏赐其父刘髆之物。

[1] 张烨亮、李文欢：《海昏侯墓出土部分金器初步研究》，《南方文物》2020年第6期。

[2] (东汉)班固：《汉书·武帝纪》，中华书局1962年版，第206页。

[3] 辛德勇：《所谓"马蹄金"的名称与战国秦汉间金币形制的演变》，《文史》2018年第3辑。

后霍光时代

在被囚禁的十一年里，刘贺等到了霍光的离世，但没有等来浴火后的重生。新即位的宣帝对这个苦命的宗亲并不放心，史载其"心内忌贺"，因而在后霍光时代，刘贺的命运依然笼罩着一层阴霾。先是宣帝私下派山阳太守张敞监视之，并作诏书曰："其谨备盗贼，察往来过客。毋下所赐书！"张敞十分识相，除了如实向宣帝汇报刘贺的现状之外，还用"枭"这种恶鸟来试探刘贺，他问道："昌邑多枭。"在汉代，"枭"字义同"鸮"，即猫头鹰，被汉人视为不祥之鸟，张敞借此讽喻周王室所经历的政治灾难[4]。而刘贺的回答，显然缺少应有的睿智和机敏[5]，他答曰："然。前贺西至长安，殊无枭。复来，东至济阳，乃复闻枭声。"[6]

[4] 练春海：《海昏侯刘贺印印钮或为"鹰钮"》，《文汇报》2016年11月18日。

[5] 练春海：《海昏侯刘贺印印钮或为"鹰钮"》，《文汇报》2016年11月18日。

[6] (东汉)班固：《汉书·武五子传》，中华书局1962年版，第2767—2768页。

图 7-5 “刘贺”玉印印纽（南昌汉代海昏侯国遗址博物馆 供图）

图 7-6 “刘贺”玉印印面（南昌汉代海昏侯国遗址博物馆 供图）

由此，汉宣帝知刘贺不足忌。

这枚玉印发现于刘贺遗骸腰部，和田白玉，正方形，边长 21.3 毫米、高 15.7 毫米，是汉代常见的“方寸之印”，上面阴刻篆书“刘贺”二字。而关于其纽，有“幼螭”“蟾纽”“凤纽”“鹰纽”“瑞鸟”等不同说法，王仁湘先生提出，其应判为“鸮纽”[1]。

洛阳才子贾谊谪戍长沙后作《鵩鸟赋》，鵩和鸮同是猛禽，都与猫头鹰（清恽敬《鸱鸮说》：“鸮如鸠，一名鵩，一名流离是也。”）有关。而此时的刘贺，想必“澹乎若深渊之静，泛乎若不系之舟”。

[1] 练春海：《海昏侯刘贺印印钮或为“鹰钮”》，《文汇报》2016 年 11 月 18 日

四祀海昏侯

到了第二年（元康三年）春天，汉宣帝发了善心，下

图 7-7 “海”字铜印（杨全 / 摄）

诏曰：“盖闻象有罪，舜封之，骨肉之亲，析而不殊。其封故昌邑王贺为海昏侯，食邑四千户。”[1] 将 29 岁的刘贺迁到蛮荒的海昏之地作一个贬谪贵族，实则是让他远离政治中心，再无对宣帝构成威胁的可能。

这枚铜印出土于刘贺墓西藏椁的杂物间，尺寸远大于一般汉印，后晓荣认为该印是刘贺实施马政管理所用的烙马官印。[2] 那么，“海昏侯”的名号是否带有贬义？《说文解字》载：“昏，日冥也。”辛德勇先生提出，“海昏”这一地名的本义，很可能指彭蠡泽西南之地。同在西汉时期，在中原腹地的陈留郡，还设有一个叫“东昏”的县，在地名构成形式上，与“海昏”颇有相同之处，而没有任何迹象显示“东昏”两字在当时会具有诸如“昏乱”“昏秽”之类特别的“政治象征意义”。“昏”字很可能是一个表示

[1] 后晓荣：《海昏侯墓出土文物研究三则》，《地方文化研究》2016 年第 4 期。

[2]（东汉）班固：《汉书·武五子传》，中华书局 1962 年版，2769 页。

用作地名通称的后缀。因此，海昏侯的名号不带贬损之义，否则刘贺不会自刻“海”字印章。[1]

❶ 辛德勇：《海昏侯新论》，三联书店 2019 年版，第 70—89 页。

永不复见

南迁海昏的刘贺远没有那么幸运，其虽“复封为列侯”，但不能“奉宗庙朝聘之礼”[2]。辛德勇先生提出，这等于剥夺了刘贺作为汉高祖后裔的资格，问题仍然出在他被废黜帝位悖理非法，而这又会影响到宣帝继位的正当性问题，所以，宣帝不得不防。[3]

刘贺墓中出土有墨书饼金数枚，这些饼金以纯度极高的黄金铸造。中心有墨书题记，“南海海昏侯臣贺所奉，元康三年酎黄金一斤”，是刘贺拟献给汉宣帝以供朝廷祭祀之用的酎金（宗庙祭祖的礼金）。但他被剥夺了参与宗庙祭祀的权利，这些酎金只能随其长眠于地下。

不过，刘贺夫妇并不甘心，一再上书，渴望重回那个朝思暮想的国都——长安。

刘贺墓中的文书档案库出土有数十枚

图 7-8　墨书饼金（南昌汉代海昏侯国遗址博物馆 供图）

❷（东汉）班固：《汉书·武五子传》，中华书局 1962 年版，第 2769 页。

❸ 辛德勇：《海昏侯新论》，三联书店 2019 年版，第 29 页。

图 7-9　刘贺奏牍（南昌汉代海昏侯国遗址博物馆 供图）

图 7-10　刘贺夫人奏牍（南昌汉代海昏侯国遗址博物馆 供图）

木牍，上有“南藩海昏侯臣贺昧死再拜皇帝陛下”“妾待昧死再拜上书太后陛下”等文字，是刘贺及夫人向汉宣帝和皇太后上书的奏章副本，其中涉及朝献、酎金、秋请等内容。但无一例外，他们的请求并没有得到满足。

往事并不如烟

作为地理和政治双重边陲的蕞尔小侯，刘贺内心所郁积的苦闷也常常无人诉说，《豫章记》载：“（昌邑）城东十三里江边名慨口，昌邑王（指刘贺）每乘海东望，至此辄愤慨而还，故谓之慨口。”政治的创伤是他不愿提及的，可又无时无刻不煎熬着他脆弱的心。

这件孔子徒人图漆衣镜出土于刘贺墓主椁室西室中，由镜掩（盖）、青铜镜和镜框三部分构成。整个衣镜镜框为木质髹漆，镜掩与框通过左侧的两个铜合页连接，可开合。镜框表面髹漆，漆为红色。镜框内框四周边框正面绘有一圈神兽和仙人图案。衣镜背板以黄色粗线在四周绘有方框，在方框内有两条黄色粗线将屏风分割为大小一致的上、中、下三部分。每个部分的格局基本一致，中间彩绘相向而立的两个人像，人像头部后上方标有人物姓名作为榜题；两侧墨书该人物的生平和言行短传记。其中，最上面一栏的人物为孔子和颜回，中间一栏为子贡（子赣）与子路，下面一栏为堂骀子羽和子夏。[1] 孔子及其弟子形象真实而生动，线条简练，体现汉代“崇儒”的文化风尚。这也是中国考古史上首次发现由铜、漆板构成面板的衣

[1] 王意乐、徐长青、杨军、管理：《海昏侯刘贺墓出土孔子衣镜》，《南方文物》2016年第3期。

图 7-11　孔子徒人图漆衣镜正面（复制品，摄于南昌汉代海昏侯国遗址博物馆展厅）

镜，更是目前已知最早的孔子形象。

虽然刘贺将孔子徒人图漆衣镜放在家中，并以《论语·述而》中“用之则行，舍之则藏”的箴言来时刻告诫自己，但他依旧没有打开心结，孙万世问他：“前见废时，何不坚守毋出宫，斩大将军，而听人夺玺绶乎？”刘贺竟袒露心迹：“然。失之。”孙万世又以贺“且王豫章，不久

图 7-12　孔子徒人图漆衣镜背面（复制品，摄于南昌汉代海昏侯国遗址博物馆展厅）

为列侯。”他依旧回答：“且然。非所宜言。”因此获罪，被“销户三千”[1]，成了一个无足轻重的千户小侯。

[1]（东汉）班固：《汉书·武五子传》，中华书局1962年版，第2769—2770页。

羸弱之躯

在囚禁于昌邑故宫时，刘贺就有“疾痿，行步不便”[1]之病，到了多烟瘴之气的海昏之地，可以说他余生都是黯然的。随葬品中有“医工五禁汤”字样的漆盘，据王烨燃等学者研究，“五禁”与秦汉时期盛行的咒禁疗法有关，指实施咒禁疗法过程中的五种仪式和方法——“存思”“闭气”“捻目”“禹步”“咒祝”，并通过媒介“汤”（即符水）来达到治疗目的[2]。反映出刘贺接受咒禁疗法的史实，而到了这步田地，可知其命不久矣。

神爵三年（前59），年仅34岁的刘贺黯然离世，《汉书》本传只以“后薨”两个字，将这颗黯淡帝星的最后一

❶（东汉）班固：《汉书·武五子传》，中华书局1962年版，第2767页。

❷王烨燃、袁媛、徐长青、曹丽娟、王意乐、黄璐琦：《海昏侯汉墓“医工五禁汤”命名考辨》，《中华医史杂志》2017年第3期。

图7-13 “医工五禁汤”漆盘（南昌汉代海昏侯国遗址博物馆 供图）

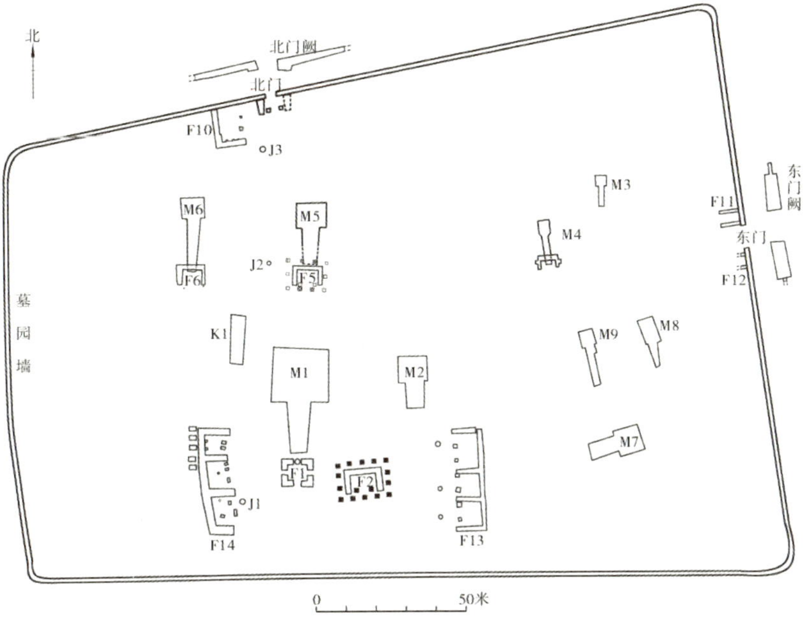

图 7-14　海昏侯墓园遗迹分布[1]

笔轻轻带过。[2] 南昌新建区大塘坪乡观西村的墎墩山墓地，成了刘贺最终的归宿。

刘贺死后不久，他的两个儿子也相继去世。豫章太守廖上书曰，“舜封象于有鼻，死不为置后，以为暴乱之人不宜为太祖。海昏侯贺死，上当为后者子充国；充国死，复上弟奉亲；奉亲复死，是天绝之也。陛下圣仁，于贺甚厚，虽舜于象无以加也。宜以礼绝贺，以奉天意”[3]，建议将海昏国除国，宣帝欣然同意。至此，海昏国嗣绝国除。

[1] 江西省文物考古研究所、南昌市博物馆、南昌市新建区博物馆：《南昌市西汉海昏侯墓》，《考古》2016年第7期。

[2] 信立祥：《陨落帝星的无奈哀荣》，《文史知识》2016年第8期。

[3]（东汉）班固：《汉书·武五子传》，中华书局1962年版，第2770页。

明清时期福建的疫情防控

文 | 文史作家　陈晓芬

清光绪十年（1884），一位客商由香港返回厦门后暴毙梧村，开启福建省鼠疫大流行的序幕。这场鼠疫持续了整整68年，由厦门开始蔓延，直至席卷福建57个县，发病82.5万人，死亡71.2万人，以闽南地区最为严重。厦门、泉州等县市鼠疫流行超过50年，莆田、惠安等县市疫情更是延绵超过60年。

2021年秋天，莆田也出现了新冠疫情，通过“适时抽检”发现疫情时，德尔塔型新冠病毒或已悄然传播近10天。在新冠疫苗普及、高效检测、消杀、集中隔离等多种应急措施之下，莆田、厦门、泉州等地疫情在25天内得到有效控制。一个月后福建全省恢复为低风险地区，人民生活恢复正常。

相较100年前，我们了解瘟疫、对抗疾病的方式进步斐然。在这特殊的时间点，不妨回看历史，看看曾经的人们，如何看待、应对疫情。

福建地理环境与瘟疫的产生

福建在中国版图的右下角，简称闽，是“山中有大虫”的意思。省内山川连绵，水网密布，整体呈现西北高东南低的走势，有“八山一水一分田”的说法。全省植被覆盖率高，现在仍长年占据全国森林覆盖率首位。森林、水网加上亚热带季风气候，很适合动植物生长，也是蚊虫蛇蚁的乐园。古时闽越之地被视为“南蛮”，其中“山岚瘴气”极其厉害，按现代理论解释就是各种动植物尸体腐烂后的浊气。有影视剧中提到，人接触“白瘴”后非死即伤，这固然有夸大的成分，但实际上从唐代起人们就已经很注意避免接触这些容易让人得病的“山岚瘴气”了。唐代在广西设置防冬兵，属于季节性屯兵。之所以选择在冬天部署兵力，是因为春夏瘴气严重，入侵者不会选择这个时间进攻边境，反而是冬季瘴气最弱，是边境防守最重要的时间节点。宋代沈括与苏轼所收集的药方合集《苏沈良方》中也提到“予伯氏任闽中，常拥兵捕山寇，过漳浦，军人皆感疟”。明嘉靖四十三年（1564），戚继光率部入闽抗倭，驻扎在盘陀岭时，军中更是因此突发疟疾，流行之快甚至危及战事。可见“山岚瘴气”对人体影响之大。

不仅是外来人士水土不服，即使土生土长的百姓也深受其害。唐垂拱二年（686），漳浦水北（云霄西林）百姓就因“地多瘴疠，吏民苦之”上奏朝廷申请搬迁，朝廷同意他们于开元四年（716）迁往李澳州（漳浦绥安），开元二十九年又因“瘴烟弥漫，户口逃亡”将州治并入漳浦。贞元元年（785），“因避瘴疠”又迁州至龙溪（漳州）。《顺治永安县志》中的《题咏·游公佥宪按临永安县有感而作》，写的就是本地百姓在“瘴气”影响下的悲惨生活。

昨自龙岩过永安，小民历历诉艰难。
山深岚瘴愁多病，地窄田庐恨少宽。
杼轴不胜豪猾敛，桑麻莫御岁时寒。
兹行正是观风化，闻此能无愧素餐。[1]

在明清之前，福建省人口居住密度相对较低，人们可以选择更适合居住的地方，而且山区与沿海沟通较少，疫情发生和传播缺少必要条件，另外，可能由于记录不全，瘟疫流行的情况较少。明清之后，人口数量激增，山海交流进一步打开，泉州和厦门的国际交流如火如荼，都为瘟疫的产生和传播提供了有利条件[2]。彼时，平均每两年就有一次大疫记录，疫情影响遍布全省。这个时期，福建瘟疫的类型以鼠疫、霍乱、天花为主，另有疟疾、吸血虫等其他传染病流行。

时人眼中的瘟疫

“昔，城中大疫，有白发老人，教一富室合药施城中，病者皆愈，而富室举家免于疫。后有人见二疫鬼过富室之门而相谓曰：‘此人阴德无量，吉神拥护，我辈何敢入哉。’”刘奎在《松峰说疫》中写的这个故事在清代广为流传[3]。

又有传说长江上有名船夫素来虔诚侍奉关帝，一天晚上梦到关帝对他说：“明天晚上有五人过江，千万不要为他们摆渡。我且写三个字在你掌心，如果一定要渡他们过江，

[1] 熊益亮：《明清闽北疫情资料整理与研究》，硕士学位论文，福建中医药大学，2014年，第21页。

[2] 王志良：《福建清代疫情资料分析及研究》，硕士学位论文，福建中医学院，2009年，第23—27页。

[3] 余新忠：《清代江南的瘟疫与社会——一项医疗社会史的研究》，北京师范大学出版社2014年版，第114页。

等他们下船之时，记得将掌心的字给他们看。”第二天晚上，果然有五人来渡江。船夫渡过他们后，将手放开一照，五人立即不见了踪影，船上只留下一只他们带来的竹箱。船夫打开箱子一看，里面全是要往江南传播瘟疫的名册。船夫行船到下个城镇时，将手中的字亮给众人看，有人说这是符谶。后来，凡是抄录这三字并粘在大门上的人家，都不沾染瘟疫。

这些故事的广泛传播，可以反映普通百姓对瘟疫最主要的认识，即瘟疫的产生和传播都是由鬼神主导，主管瘟疫的神或鬼决定某地是否暴

图 8-1　清木版画《持斋戒杀》（疫鬼标识传染病的传播范围，首都图书馆古籍插图库）

发瘟疫、某人是否沾染疫病。同时百姓普遍认为，如果一个人有“德行”“善行”或虔诚侍神，那么“五瘟王”下属的鬼差们看到都会绕着走，自然不会得病。

即便到了清末，这种认知仍然广泛存在于民间。清光绪三十三年（1907）的《盛京时报》评论一般民众“对于疫病由细菌传播之说都不置信”，将瘟疫归咎于“鬼也、祟也、命也、妖也、劫也”，“闻一人言如此，访之亿兆人，竟出一口”，根本不知“反求诸己，引咎于卫生无术”[1]。

相对于普通百姓将瘟疫归咎于鬼神之说，士人或医家则多认为瘟疫产生是由于人体正气不足，不能抵抗四时不正之气所致。《景岳全书》中说，“伤寒、瘟疫，俱外侮之证，惟内实者能拒之，即有所感而邪不胜正，虽病无害”[2]。这个思想早在汉代就已基本形成，《黄帝内经·素问·刺法论》中有记录：

> 帝曰：“余闻五疫之至，皆相染易，无问大小，病状相似。不施救疗，如何可得不相移易者？”岐伯曰：“不相染者，正气存内，邪不可干。避其毒气，天牝从来，复得其往，气出于脑，即不邪干。”[3]

所以，以当时医家的主流观点来看，养正气方能避邪气，正气不足导致外邪内侵是产生疫病的主要原因。“人气禀厚，正气旺，精神强固，气血充和，呼吸之间，疫毒无自而干。”通常认为正气不足是由饥寒冻馁或不良生活习惯造成的。而“外邪”所指“邪气”的定义则经历了长期

[1] 谷永清：《中国近代防疫述论》，硕士学位论文，山东师范大学，2005年，第17页。

[2] 董维：《中国古代卫生防疫思想变迁的研究》，硕士学位论文，黑龙江中医药大学，2015年，第43页。

[3] 周学霆：《三指禅》，山西科学技术出版社2018年版，第79—80页。

不断发展，其意涵从“气候”逐渐演变到“毒气”。

《素问》《三因极一病证方论》等医书中提出一岁之中由风、热、湿、火、燥、寒六种气候分治四时，每一气候太过就会导致疫病产生，即极端气候产生时人体不能适应天气变化就会生病。“病之由来虽多，而皆关于邪气。邪者不正之因，非人身之常理，风、寒、暑、湿、饥、饱、逸，皆是各邪。”[1] 明末清初的传染病专家吴有性在《瘟疫论》中认为“山岚瘴气”“岭南毒雾”是瘟疫的“外邪”，此时“邪气”已经从气候的概念发展成为类似“毒气”的概念。“外邪”可以不断发散，无声无色无形无臭，因此才能出现多人同时得病的情况。“瘟疫之病原乃是四时不正之气，混入尸气、病气以及地上其他秽浊之气而形成”的疫气。故瘟疫主要“由于疫气郁积熏蒸，人在其中，感触而发生”的观念在清代得到不少医家的认同。

❶ 于赓哲：《弥漫之气：中国古代关于瘟疫“致”与“治”的思维模式》，《文史哲》2016年第5期

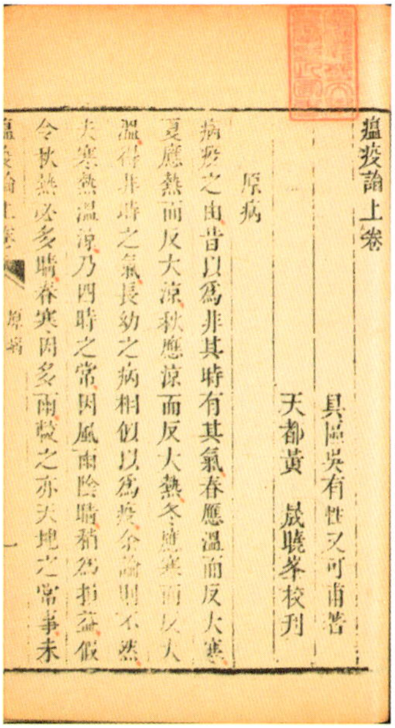
瘟疫論上卷
具區吳有性又可甫著
天都黃　晟曉峯校刊
原病
病疫之由昔以爲非其時有其氣春應温而反大寒
夏應熱而反大涼秋應涼而反大熱冬應寒而反大
温得非時之氣長幼之病相似以爲疫余論則不然
夫寒熱温涼乃四時之常因風雨陰晴稍爲損益假
令秋熱必多晴春寒因多雨較之亦天地之常事未
瘟疫論上卷　原病　一

图 8-2 《瘟疫论》古籍影印件

古人的花式抗疫法

余新忠老师在《清代江南的瘟疫与社会——一项医疗社会史的研究》一书中提出，宋元时期政府对医疗的救助比较积极，到了明清时期，政策转向消极。明中后期普遍没落，清中后期连官府编制都不设置，医疗救治工作主要依靠社会力量。宋代苏东坡在杭州主政期间，

遇浙西饥疫，设立过安乐病坊救治患病民众，后被朝廷接管并在各地开设类似机构，定名安济坊，专门救济贫病百姓。明清时期，类似政策基本不再执行，常设机构合并到官署中（“府正科，州典科，县训科，各一人，由所辖有司遴谙医理者，咨部给札”），但靠一名不入流的官吏管理全县卫生工作，所起的作用小之又小，甚至有些地区在官员编制中直接废除了这一职位。

虽然明清时期不再开设经常性药局，但面对瘟疫也并非无所作为。政府在控制瘟疫和救助百姓方面存在不足，但在维持社会秩序、组织灾后重建等方面还是发挥了积极作用。同时百姓们不等不靠，也积极开展自救工作，共同抗击瘟疫。

1. 官方处置

（1）强制隔离

强制隔离病患的处置方法，早在秦代就已经得到普遍执行。云梦睡虎地秦简中记录，如果官员发现有麻风病人，就必须送往“疠所”隔离。晋代也有规定，大臣家中有三人以上感染传染病，即便本人是健康的，在百日内也不得入宫上朝。

《宁德县志》中记载了明清时期将麻风病病人强制隔离的情形：

> 养济院……近有痿疠恶疾者，亦居其间。邑人士患之……乃有身患麻疯之人，实逼处此，男女混杂，以生以育，畜养鸡豚，鬻卖民间，秽气传染……现在近院农民，染其疾者已非一二数……宜择下流僻远。人烟稀少之地，分设男院、女院，严施法令，治其混杂，禁其畜养饲，则民除害而废疾者，亦无失所。斯真所谓发政施仁者。

这条记录就将对麻风病人隔离另居的政策写得较为清晰，不仅要选择偏僻下风口处建养济院，还要分设男女居所，不准他们饲养的家畜流入市场，要与健康人群彻底隔离。

（2）养德敬神

唐代独孤及写的《唐故洪州刺史张公遗爱碑》中有一句话：“人相食，厉鬼出行，札丧毒痡，淮河之境，骼胔成岳，而我仓如陵，我民孔阜，犬牙之境，疵疠不作，灾不胜德也。”在明清时期，百姓认为鬼神司疫是疫病发生的主要原因，传染范围又与德行相关，那么以官方为主的建醮祈禳反而是时人所认可的能够高效结束疫情的手段。

《明宪宗实录》中记录成化十二年正月（1476），福建地方官员上奏称，“自去秋八月以来诸郡县疫气蔓延，死者相继……斗米百钱，民困特

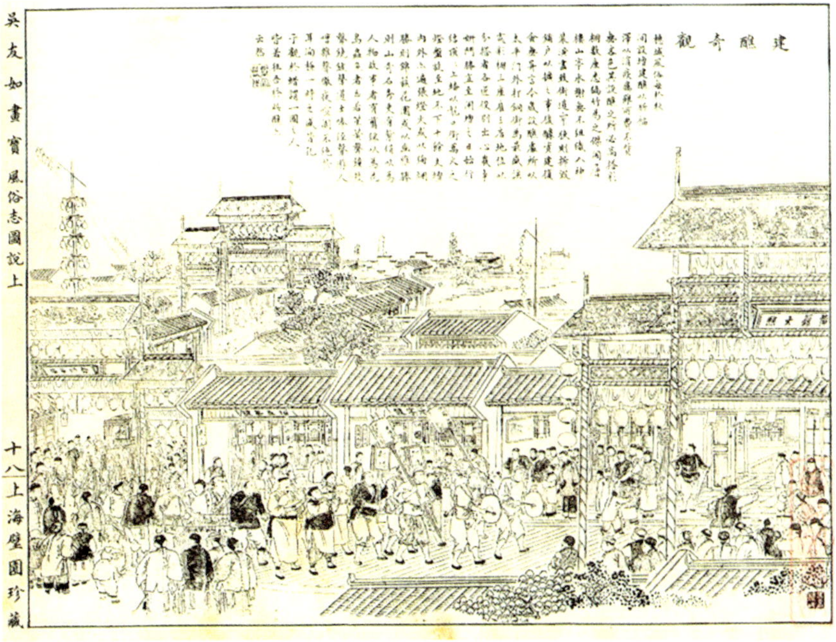

图 8-3　清木版画《建醮奇观》（首都图书馆古籍插图库）

甚”，申请皇帝派代表“赍香帛往祭其境内山川等神，以弥灾疫”。朱见深真的命令“福建布政司官祭境内山川等神”，可见当时政府建醮祈禳的活动是被普遍认可的。对一些地方官员来说，保一方平安的方法就是“朔望必谒，水旱必祷，疾疫必祈”[1]。

（3）维持秩序

《南平县志》中记录了骗子假借疫情坑蒙拐骗的行径。

嘉靖三十五年（1556）夏，大饥……秋大疫，死者无数。知府彭澄发仓谷赈之。是年眚（指目病生翳）为灾，民间讹言，有海骝精，状如萤，着人衣裙必死。城中并各乡，家击金鼓，如防盗贼，彻夜不眠。有道士数人，鬻符于市，曰：“此足以治怪也。”有司疑即彼所为，捕之，将处以法，道士逸去，怪亦息。

乾隆三十二年（1767）福州瘟疫暴发，民众听从骗子之言，供奉大量金钱设祭坛、抬像游行。“省城内外，又有虔事五帝者，谓其神专司瘟疫。偶逢时症传染，奸徒乘机敛钱，设坛建醮，抬像出巡，其费竟以千百金为计。不独废时失业，劳民伤财，即种种不法之事，皆由此起。”闽浙总督苏昌和福建巡抚庄有恭立即命令各县“收土木之偶，投畀水火，倡言奸棍，严拿治罪”[2]，有力维护了社会稳定，获得皇帝嘉奖。

（4）免役赈济

电视剧或者小说中，面对瘟疫或灾难，皇帝通常都会

[1] 李在超：《论古代徽州地区的祷疾活动》，《上饶师范学院学报》2016年第5期。

[2] 黄雄义：《清代的疫情防控及其启示——以乾隆朝的五起疫情防控为观察范例》，《决策与信息》2020年第10期。

免征徭役税赋。从历史记录来看，确实有较多证据表明，免征徭役税赋是政府让百姓休养生息、维护社会安定的常用手段。明永乐十一年正月“巡按福建监察御史赵升言：‘光泽、泰宁二县民五年、六年（1407—1408）疫死四千四百八十余户。盐粮二千四百一十四石无征’。（皇帝）命户部除之”。永乐十七年五月又因“建宁、邵武、延平三府自永乐五年以来屡大疫，民死亡十七万四千六百余口……其徭赋及各卫勾补军役俱未豁除”，“（皇太子）命户部、兵部悉除之”。

除了免征徭役税赋，根据疫情情况政府还会适当予以赈济。《乾隆将乐县志》中说，“（嘉靖）二十三年（1544）正月，地震。八月，西隅坑边灾。十月，大疫。巡按御史何维柏檄有司，发粟赈之”。同年三明沙县夏天闹饥荒，冬天瘟疫盛行，“冯郡守申请散谷二千三百八十四石，以赈济之”。

2. 民间处置

（1）花式预防

世居福建东部的畲族人预防疫病的活动从每年年初就开始了。新年前要“大扫年”——清扫各处垃圾。新年当天要喝椒柏酒、放爆竹，立春这一天要在庭院焚烧樟树枝、艾叶、石菖蒲等，并召集幼童围绕火堆跳跃，取名“弹春节”，用植物燃烧的芳香之气荡涤秽浊疫气，杀除藏匿在椽边瓦沟墙缝里的毒虫臭豸，祈求少灾无病。端午节要饮雄黄酒，包粽子要加香蒲叶，饮用水中要加明矾、雄黄、贯众等沉淀消毒，还要用野艾熏蚊，用鱼葛杀蛆[1]。家家户

[1] 陈泽远、陈利灿、林品轩：《闽东畲族文化全书医药卷》，民族出版社2009年版，第65—69页。

户门口要插艾叶、菖蒲叶避邪避瘟。在建宁、南平等地的县志、通志中，端午节习俗多数也与抗疫有关。“端午，插艾，是日天未明采艾，谓之鸡鸣艾，插户以禳毒气。乡村或采拣木叶插之，谓可禁蚊；或采桃叶插之，谓可辟疫，或采葛藤悬户外，谓可禁蛇。”

这些预防方式渐渐通过节日活动演化为民俗的一部分，其中关于卫生、芳香疗法的作用经科学验证，对健康有益。

（2）民间信仰

福建省山林密布、气候湿热，独特的环境造成古代闽人必然面对许多未知动植物的侵害及异常气候的侵蚀。在科学技术不发达、医疗技术落后的古代，闽人产生了崇尚巫术和鬼神习俗。宋代福建闽县（福州）人黄干就自述，“闽中塔庙之盛甲天下，家设木偶、绘像、堂殿之属，朝夕事之”。即便到如今，在一个普通的工作日去参观泉州关帝庙，都会看到一派香火鼎盛的景象。

明清时期，百姓祭祀的神祇众多，祭拜的对象除了受众较广的土地公、妈祖、临水夫人等，还有不少地方有本地保护神。比如闽东有祭祀齐天大圣的大圣宫，闽北有祭祀黄宠、林贤娘的安边庙和林氏真仙等；闽南则祭祀保生大帝吴夲等。各色神祇不一而足，有些地方针对不同原因引起的瘟疫需要敬奉不同的神仙；同一种瘟疫在不同的地方也要敬奉不同的神仙。以闽北浦城县为例，旱灾引发瘟疫要拜安边庙，水灾引发瘟疫则要拜镇安庙。又如古田人遇到瘟疫选择拜陈靖姑，而莆田人则会选择拜妈祖。

若无疫病，求神拜佛于生命无碍，但深信巫术的人在遇到疫疾时，常常“缓于延医，急于巫祝”。《光绪续修浦城县志》《康熙瓯宁县志》《崇祯寿宁待志》等等方志上，我们都能看到类似“召巫禳解，费钞无数，虽死不悔”的记录。“俗信巫不信医，每病必召巫师迎神，邻人竟以

图 8-4　泉州关帝庙

锣鼓相助，谓之‘打尫’，犹云‘驱祟’。”整个巫祝过程，人群聚集、烟熏雾绕，更加重了疫情的传播。明代人谢肇淛在《五杂俎》卷六《人部》中写道，“闽俗最可恨者，瘟疫之疾一起，即请邪神，香火奉事于庭，惴惴然朝夕拜礼许赛不已，一切医药，伏之罔闻。不知此病原郁热所致，投以同圣散，开辟门户。使阳气发泄，自不传染。而谨闭中门，香烟灯烛，焄蒿蓬勃，病者十人九死”。《榕城纪闻》一书中记载，明崇祯十五年二月，福州突发时疫，乡民依例祈禳土神——“五帝”。各村百姓纷纷集资设醮大傩，“一乡甫毕，一乡又起，甚而三四乡，六七乡同日行者”。整个祈福活动持续了六个月，“市镇乡村，日成鬼国”。

封建迷信荼毒之深，令人扼腕。

（3）民间自救

好在并不是所有人都将在疫情中活下去的希望寄托在求神拜佛上。闽地仍有不少名医，为民诊治；不少乡贤，捐资助药，科学抵御疫病。上杭人刘岳寿擅长痘科，其子美士也是治痘圣手，著有《痘症全书》；美士之孙刘佳在同治、光绪年间又以治痘著称乡邻。崇武古城的儒医世家涂家，因救治时疫有功，被福建布政使赠予“仙手佛心”的称号，家族中多人在救治时疫中殉职，全族仍不改救人之志。[1]

除了医家奋力救人，有志之士也出钱出力。“康熙二十年大疫，知府张一魁捐俸五十两与儒医陈箕畴为丸药以救病”，“康熙三十年时疫流行，知府张琦、知县沈焕捐俸施药，生全甚众”，“光绪三十年，疫作，杨之钰、宋秉和、黄邦勋等十人以知县席珍所授‘万应午时茶方’集资购药施送”……乡中有识之士，合力施药救治的记录常见于方志。民间团体也主动刊刻药方、编制防疫方法分发

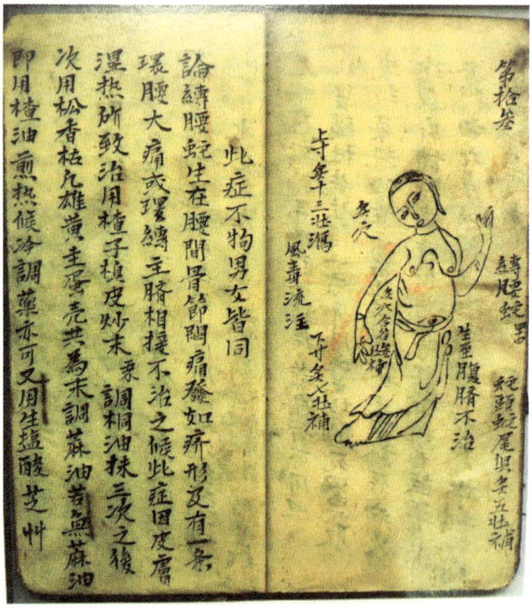

图 8-5　畲族医书（钟雷兴主编《闽东畲族文化全书 医药卷》，民族出版社 2009 年版）

[1] 曾毅凌：《明清闽南疫病流行状况研究》，硕士学位论文，福建中医药大学，2010 年，第 25 页。

百姓自救。清光绪二十六年（1900）泉州鼠疫流行时，晋江慈善团体就刻印《鼠疫汇编》3000部、药方6000张，施药5000剂，助力泉州抗疫。次年南安知县李澎青为《鼠疫汇编》写序并翻印1000卷分发宣传，指导百姓参加鼠疫防控。

结语

在那个科学不昌明、医学不发达的年代，官方医疗资源不足，民间医生良莠不齐还夹杂着不少庸医骗子，高昂的治疗费用让穷苦百姓无法负担，于是对巫祝之事深信不疑……种种因素的共同作用下，人们与瘟疫的战争打得艰苦卓绝。

生活在现代的我们远比他们幸运，我们不需要通过巫祝来禳解疫情，因为我们有强大的国家力量在科学主动地防控疫情。从1990年到2015年的25年间，我国医疗质量和可及性排名进步幅度位居全球第3，世界排名从第110位提高到第60位，HAQ（医疗质量和可及性）指数由49.5提升至74.2，超过全球平均值20.5。医疗服务效率不断提升，医疗服务能力明显增强。在这次席卷全球的新冠肺炎疫情中，我国成为世界上疫情控制最为出色的国家。

专题叙事·地方史

澄虚阁（位于仪征市区城东，是欧阳修《真州东园记》中记载的真州东园内一个景点。澄虚阁历代屡毁屡建，清代复建时由两淮巡盐御史曹寅题额，新阁为本世纪初仪征市政府复建，尉天池题额。巫晨 / 摄）

仪征天宁寺塔（始建于唐景龙年间，为运河入江口标志性建筑，现塔为明洪武年间复建，为江苏省境内最高之塔。巫晨 / 摄）

中国两淮盐运博物馆内主体建筑见山楼（楼内展陈两淮盐运相关文物600余件。巫晨/摄）

天下难寻，水晶晶南浔

文 | 文史作家　吴蒋伟

这里有水晶晶的水，水晶晶的太空，水晶晶的日月……

——徐迟

在中国太湖以南，浙江省湖州市东部的南浔镇，有一道特有的名菜“绣花锦”。它是当地百姓招待贵客的美味佳品，也是南浔游子舌尖上的乡愁。品味“绣花锦”，其实是品读南浔。这个水晶晶的世界，承载着一座江南雄镇的光辉岁月。

曙光

2014 年 6 月 22 日，中国大运河成功入选《世界文化遗产名录》。頔塘故道（江南运河南浔段）以及南浔镇历史文化街区是其中的重要遗产点，南浔也因此成为首座整体列入世界遗产的江南古镇。

图 9-1　江南运河南浔段（顾律敏 / 摄）

运河泛舟、笛声悠扬，这一恩泽后世的古老运河诉说着沧桑巨变。

一千七百多年前，晋朝吴兴郡（治所在今湖州）太守殷康开凿了一条江南运河，两岸芦荻丛生，被称为“荻塘”。

西晋建兴三年（315），北方的宗室、士族已在此定居。西晋末年，八王、永嘉之乱后，北人衣冠南渡。北方农耕文明的熏陶，让本土的精神内涵由刚而柔、亦柔亦刚，开始激发潜能、迸发活力。

东晋十六国时代，中国经济重心开始转移。荻塘成为重要的水利系统，极大地促进了农业生产。南北朝时期，民族进一步融合，使本土的内在气质，产生了由武入文、兼容并蓄的根本性演化。

隋唐年间，荻塘与贯通南北的“隋唐大运河”相接，成为重要的漕运枢纽。“安史之乱”中免遭兵燹之厄的荻塘，成为“诗意栖居”之地。唐贞元八年（792），湖州刺史于頔动员全民修筑河塘。百姓感激于頔的功德，将运河改名为“頔塘”。

五代十国时期，吴越国以文治世、止战养民。頔塘有幸，在割据混战的漫长岁月里，她是难得的安定之所。在当地，吴越王钱俶建“南林寺”，一度香火鼎盛，远近闻名。

两宋时代，中国经济重心南移完成。这块风水宝地，因寺得名，而称“南林”。当地有条“浔溪河”，舟楫往来、穿行如梭，村落因河而兴，故名“浔溪”。

历史从容地向前，扑面而来的是另一番天地。南宋淳祐十二年（1252），南林与浔溪，各取首字、设官建镇，遂称“南浔”。作为“耕桑之富，甲于浙右”的“水陆要冲之地”，她宛若仙界玉女，风姿绰约，将江南的婉约律动于光阴的双眸之中。

图 9-2　蒋家桥与华家桥（屠旭东 / 摄）

就这样，南浔一路走来。元朝时，已是土地膏腴，物阜民丰，文化昌盛，人文荟萃。诗人戴表元用“画屋芦花净，红堤柳树深。渔艘齐泊岸，橘市尽成林”的诗句，描绘其自然天堂与集市盛景。

明清时期，南浔更是一座“烟火万家，舟航辐辏”的江浙雄镇。在五百多年大一统王朝的时空背景下，又有大运河的推波助澜，南浔开始了亘古未有的嬗变。

鼎新

在岁月的长河中沉淀与升华，水乡南浔出落成既富裕隆盛又温雅情深的江南胜地。

史无前例的更替，发生于明清时代。一场自发性的产业升级，让南

图 9-3　百间楼古建筑群

浔化蛹为蝶，完成了生命的蜕变。一个养蚕缫丝的手工业基地从此奠基并发展，近代化经济的萌芽也因此落地生根。

蚕、茧、丝、绸，是南浔的徽标，也是南浔的象征，融入于人间万象，关乎百姓福祉。

因丝织业而兴盛的南浔，市井繁华，士风畅旺，明代即形成“董、温、纪、陆”四大家族，有多人在京城做事，素有“九里三阁老，十里两尚书”之称。

明嘉靖年间，南浔人董份官至礼部尚书兼翰林学士。他晚年回归故乡后，建造了约一百间以骑楼为结构的居室，俗称“百间楼”。乌瓦粉墙、河埠石阶、木柱廊檐的百间楼，犹如一幅江南水墨画，是中国水乡的一个范本。

图 9–4　枕水江南（顾律敏 / 摄）

丝韵江南，枕河人家。水陌巷间的南浔人，邻里互助、友爱共融。悠长的时光、淳朴的民风，数百年来一直流淌在当地百姓的柴米油盐之中。

“这里有水晶晶的水，水晶晶的太空，水晶晶的日月……”当代诗人、著名作家徐迟先生，以六十六个“水晶晶”赞美了南浔这处水晶晶的家乡。

水晶晶的纺车，水晶晶的梦。距离南浔镇七里，有一座名叫“辑里”的古村。它土壤肥沃、桑园遍地。村子西边有一潭“池亭漾”，潭水“漾”到水波涟涟的“淤溪”，又流向古村辑里。溪水在村前的“分龙桥”一路向东，抵达一处神幻幽妙的“穿珠湾”，汇入清澄如镜的“雪荡河”。

上善若水。雪荡河、穿珠湾百转千回，哺育着辑里古村。水域赋予这个古老的村庄静谧与灵性。水中富含的矿物质比例得当，适宜制丝。

图 9-5　辑里湖丝（屠旭东 / 摄）

非比寻常的天赋，藏匿在千百年深邃的韶光之中，终为人们所认知、所利用。

家家养蚕，户户缫丝。村里的蚕农们，培育了优良蚕茧“莲心种”，又改进了缫丝工艺与操作技术。

“莲心种”经“穿珠湾”水的浸泡，再经“三绪转轴脚踏丝车”缫出的丝，就是举世闻名的“辑里湖丝”，它具有“细、圆、匀、坚、白、净、柔、韧”等八大特点。

一根湖丝，能悬挂八枚铜钱，比普通蚕丝多挂三枚左右。明清皇室的龙袍凤衣，指明要用最好的辑里湖丝织造。亮比皓月、薄如蝉翼的湖丝，一直是宫廷里的珍品。

历练

欧洲第一次工业革命之后，西方纺织业快速发展，辑里湖丝是所需的最好原料。但是清政府闭关锁国，对湖丝出口有着严格规定。此后，英国人用坚船利炮打开了清朝国门。西方的狂风巨浪，吹打着中国的近代百年。

第一次鸦片战争后，上海开放为通商口岸。南浔的生丝，沿頔塘运河出发，用货船直接运到上海。湖丝贸易的腾达，让南浔与世界更加亲近。

图 9-6　首届伦敦世博会金奖奖状（陆剑 供图）

1851 年，首届世界博览会在伦敦召开，辑里湖丝荣获中国代表团唯一金奖，成为我国首个获得国际大奖的民族工业品牌。

抢开埠之先机，湖丝作为雍容尔雅的代名词而名震寰宇，更让英国女皇念兹在兹。到了 19 世纪末，上海的出口商品 90% 是蚕丝，蚕丝中的 90% 是辑里湖丝。

晚清至民初，当地崛起了一个以经营湖丝贸易发家致富的商业集团。南浔民间习惯以“四象、八牛、七十二墩狗”来称呼他们。家产在一千万两白银以上的家族被称为“四象”。家产在五百万到一千万的被称为“八牛”，一百万到五百万之间的“七十二墩狗”等其他富商更是数不胜数。

丝商“四象”之一的顾福昌，最先闯荡上海滩，收购了当时唯一的外洋轮船码头——金利源码头，即“十六铺码头”前身，他独占了上海进出口货物的装卸和打包业务。

丝商刘镛，以“寸宜宽，尺宜紧”为经商之道。他向小户蚕农收购生丝时，分量上尽量宽容，但转战沪上丝绸市场，则分毫不让。刘镛凭借着经营智慧，最终成为“四象之首”。

南浔仅“四象”的资产总额约有八千万两白银，那时清政府全年的财政收入不过七千万两，这可是名副其实的“富可敌国”。

梅履中、梅履正兄弟，来自“八牛”之一的梅家。1915 年，梅家的丝荣获“巴拿马太平洋国际博览会”金奖。1921 年，首届万国丝绸博览会在纽约召开，由梅履中积极推举的张鹤卿等人，作为辑里湖丝的业界代表赴会。梅家积极开拓海外市场，在纽约、里昂两大国际生丝市场享有盛誉。

百舸争流。黄浦江边的每一次风起云涌，都会在故乡休憩的主人心中引发波澜。主人在南浔发出的每一封电报，又会影响上海滩的阴晴雨晦。十里洋场，繁华似锦——百乐门舞厅、静安别墅、新世界游艺场……这些申城的地标性建筑，由南浔富商出资兴建或经营管理，都留下了他们的深深烙印。

芳华

在上海滩呼风唤雨的南浔商人，回到故乡后，开始建造园林。这一时期，镇上的造园之风盛极一时，它们以宛自天开之美，成为建筑经典。

宜园又称“庞家花园”，是“四象”之一庞云鐕之子庞元济的私家园林。宜园是南浔众多园林中构思最为精巧的一座，分为外园和内园两部分。

外园由云墙、曲廊、太湖石构成多个格调不同的院落。庭院深深深几许，委曲幽静、峰回路转。

内园以长方形大荷花池为主体。荷池中筑一大土墩，宛若小岛，上面有一座四面厅建筑，也称“湖心亭”。置身其中，推窗远望，宠辱皆忘，园内美景令人怦然心动。

小岛与池岸之间，有九曲桥相连。石板平桥，上覆雨篷，遮阴避雨。荷池南岸，面湖筑有崇台，建有楼阁“绿净山庄”。

元宵佳节之夜，天上一轮明月，园内花灯璀璨。湖心亭响起了“评弹”那吴侬软语的唱腔。它清丽委婉、雅俗共赏，深受当地百姓的喜爱。

“湖心亭”与“绿净山庄”隔湖相望。主人坐在绿净山庄里听曲会客，又在湖岸边赏荷花鱼影，听曲声袅袅。园境和曲境，有着相似的意味。宜园与评弹，情景交融，令人心醉神迷。

在园林和曲艺共同缠绵于南浔的这些年间，是丝商家族的辉煌时期，也是那段峥嵘岁月里的花样年华。

图 9–7　宜园（屠旭东 / 摄）

图 9–8　保静山房（湖心亭）（屠旭东 / 摄）

图 9-9　小莲庄（屠旭东 / 摄）

鹧鸪溪畔的小莲庄，是当地声名最为显赫的一座园林。它是“四象”刘氏祖孙三代花费近四十年光阴所建的私家庄园，其中以近十亩的莲花池为中心。

小莲庄的莲池周边，是一圈亭台楼榭，环池而立，全景尽现。暖春时，薄雾似纱，柳荫匝地。盛夏里，芙蓉出水，碧叶连天。深秋季，荷塘过雨，金风送爽。寒冬中，白雪皑皑，银装素裹。四季风景，如梦如幻、如痴如醉。

南浔丝商们大都偏爱莲花，因为它“出淤泥而不染，濯清涟而不妖”。

莲池旁建有一座以莲花品格命名的建筑“净香诗窟”，其中最为人称道的是厅内“顶格”，由两个斗笠状的“藻井”组成。它们四周平坦、

图 9-10 净香诗窟的“顶格”（吴蒋伟 / 摄）

独高其中，一个为四边形，另一个为八角形。这种斗拱结构的建筑形式，顶格之妙，为海内孤本。

厅内，刘家公子与贵客逞才斗诗、高谈阔论。梁启超、王国维、柳亚子、吴昌硕等名家就是当时的座上嘉宾。客人兴致高涨之时，在此挥毫泼墨，切磋技艺。

交融

南浔丝商是业界的翘楚，这些最早放眼看世界的商人，在家乡大展身手，将中西方文化融会贯通，开始了谦逊而又非凡的改变。

懿德堂，号称“江南第一宅”。气派恢宏的厅堂、雕梁画栋的门窗，显示主人张石铭的显赫身份，他是“四象”之一张颂贤家族的后人。

在张家老夫人阁楼的窗上，镶嵌着菱形蓝晶刻花玻璃，散发着钻石般的光彩。西洋玻璃上那形态各异的图案，采用了中国传统国画手法。主人在他母亲 60 岁生日时，把名家画稿运往欧洲定做而成。

这种制作技艺已经失传的单向玻璃，以当时每块一两黄金的价格从法国购得，可谓价值不菲。最为奇妙的是，它们历经百年，仍然一尘不染，堪称艺术珍品。

惊叹不仅于此，在幽深小道的尽头，是一座江南首家私人西洋舞厅，内部设有豪华舞池、乐队演奏区、化妆间。晚清年间，欧洲的壁炉、厅柱和油画，远渡重洋，出现在南浔这座江南小镇。

舞厅里，若仙若灵的华尔兹，与余音缭绕的西洋乐器珠联璧合。舞

图 9-11　西洋楼（屠旭东 / 摄）

厅外，多立克柱、红砖墙、法式铁花栏杆，充满异国情调。这座巴洛克形式的洋楼建筑，屋顶铺了中国传统的青瓦。西洋柱子上的雕饰，是中华牡丹的图案。

与其他丝商一样，“四象”刘氏既传承儒家文化，又淋浴欧风美雨。

崇德堂是刘镛三儿子刘梯青的住宅，又称“刘氏梯号”，浓重的儒学思想，始终向建筑渗透。它的前院是中式建筑，轩廊窗花上刻镂着古雅的篆字文饰。

崇德堂的后院，是一座气势磅礴的欧式红楼，俗称“红房子”。晚上，僻静的江南大地早已酣然入梦，刘家的夜生活才刚刚闪亮登场。

月影婆娑，星光朦胧。花岗岩罗马柱的旁边，飘溢着露天茶桌上

图 9-12　崇德堂

“南浔三道茶”的清香。木雕百叶窗的阳台上，弥漫着来自法国普罗旺斯地区薰衣草的香味。这一中一西的生活情趣，是摩登南浔的缩影。刘家的奶牛场与网球场，更是清末的江南城镇中一抹惊艳的色彩。

西风东渐，那是一个千百年来未曾有过的巨变时代。长袍马褂，束缚着当地丝商。西洋建筑，被周边的中式封火山墙深深掩藏。大宅的正厅或中轴线上，是含蓄内敛的中式厅堂。因为南浔商人坚守着东方传统文化，他们回归本心，并以此为荣。

东西方文化，在此交汇，在此碰撞。

根脉

图 9-13　花园弄（吴蒋伟 / 摄）

南浔，因耕读传家的乡风流传，自古文风蔚然，文人雅士灿若星辰。

古往今来，无数的文人才子留下了众多流传千古的名诗佳句。作为“文房四宝”的毛笔，既是中华文明的符号，也一笔笔书写着悠远的华夏风韵。其中的湖笔，则是最具代表性的佼佼者。

历史的长河中，当地人靠一支湖笔滋养出来的翰墨情怀，曾经一次次独领风骚。

花园弄是南浔最具文脉渊源的小巷，倾诉着那尘封的历史。

那时候，走在弄堂青石板上的，是一位长相俊俏、低调腼腆的七尺书生，抑或是衣袂翩跹而撑着一把油纸伞的清秀才女。

有时，湖笔书写的翰墨情怀，也会带来劫难。

清朝初年，南浔庄氏修编刻印《明史辑略》一书，后被人告到京城。庄家十五岁以上男子以及参与此书编辑、印刷、销售等工作的一百多人被全部处死，遂成“清朝第一文字狱”。金庸先生的封笔之作《鹿鼎记》，开篇就提到了“庄氏史案”。

此时，小巷弄堂青石板上，只能是彷徨失措、泪干断肠的庄氏女子了。

但即便在“明史案”之后，这片郁积千年精气的土地，仍然文脉不绝。

庞元济是中国近现代最负盛名的书画收藏大家。他印行的中英文对

图 9-14 嘉业藏书楼

照《中国历代名画记》，从唐朝至清代所藏名画八十一件。中华瑰宝，精美绝伦，令世人叹为观止。

南浔金氏“承德堂”，诞生了民国初年北方画坛领军人物金绍城、竹刻家金绍坊、女画家金章等一大批杰出人才。金家的子女们，在出国留洋后，回归中华艺术，演绎东方传奇。

丝商们崇文重教，他们创造的精神家园更是存留到了今天。

南浔首富刘镛的长孙刘承幹，用尽毕生精力，藏书十八万册、六十万卷，创建了中国近代民间藏书楼之绝唱——嘉业堂。

作为中国近代规模最大的藏书楼，浩如烟海的宋椠元刻、稿抄本以及地方志，均保存完好。这其中不乏海内秘籍的珍本，包括《永乐大典》残本和《四库全书》的翰林院底本。

嘉业堂的镇库之宝——宋刻《史记》《汉书》《后汉书》《三国志》，凝聚着主人的心血与情怀。当年，鲁迅先生挑灯夜读刘氏刻书，北大校长蔡元培慕名而来。嘉业堂的古籍丛书、雕版印书，让名家大师都为之倾倒。

今日的我们，肃立于嘉业藏书楼前，或凝眸远望，或沉思低吟，都能触达人文内涵的深处。这座历经战火和时代变迁而毫发未损的藏书楼，留下的是难以估量的精神财富，这是南浔独一无二的文化流韵。

使命

水做的南浔，不仅有娟秀温情，也不乏丹心侠骨。

张静江是“懿德堂”主人张石铭的堂弟，他是一位行侠仗义的传奇人物。甲午中日战争后，张静江受到新思潮的影响，滋生了打破旧体制的愿望。他在法国经商致富后，多次慷慨解囊，甚至毁家纾难，支持孙中山先生领导的起义，为辛亥革命做出了巨大贡献。

当地著名人士庞青城，是张静江的舅舅。他与孙中山先生有师生之谊，曾花巨资建造革命党人活动的秘密场所，并在众多革命活动中发挥了重要作用。

富商巨贾投入到革命洪流之中，中华大地波涛汹涌。

1898 年，清政府和英国商定《苏杭甬铁路借款草约》，这是一个出卖铁路主权的不平等条约。国难当头，“四象”刘家的第二代掌门人刘锦藻，与他人一起成立了浙江铁路公司，并且公开向民间招股。

为了与英国人抗衡，刘氏家族购买铁路股款一万元以上的多达二十余人。所有的南浔丝商基于爱国之情，纷纷自告奋勇，湖州商界共认购一百一十五万余元。敢为人先的当地丝商，承担了一笔又一笔救国的

图 9–15　南浔商会旧址（吴蒋伟 / 摄）

巨款。

在这场波澜壮阔的爱国保路运动中，数万工人、学生乃至街头挑夫、风尘女子，也纷纷向浙商铁路出资购股，迫使清政府不敢跟英国人在借款正文上签字，最终保住了铁路。

在中国人梳着长辫、裹着小脚的年代，“实业救国”是当时深入人心的口号。近代民族资本家为振兴民族工业，不仅投资于缫丝业、盐业、房地产业等传统行业，同时活跃在金融业、交通运输业、文化出版业等新兴实业领域。南浔商人作为中国近代最大的丝商群体，以开明的思想、博大的胸怀，成为中国民族资产阶级的代表，在近代中国的历史画卷中描绘着浓墨重彩的一笔。

从 20 世纪 20 年代起，在日本机器缫丝业崛起以及人造丝大规模生

图 9-16　南浔南栅历史街区（南市河，顾律敏 / 摄）

产的不利形势下，丝商们满腹苦楚无处倾诉，家乡的小桥流水成了失落的商人们最好的心灵慰藉。曾经富可敌国的南浔丝商，在社会动荡的伤痛中随风凋零。此时的他们，如同古运河里的一叶扁舟，繁华不再，凄凉而又无奈。

重生

黑夜在寂寥中孕育着一个清新的早晨！

1949 年 5 月 2 日，对于沉寂许久的南浔古运河来说，是一个镌刻历史的日子。那天，当地百姓抬着毛主席、朱总司令的画像，热情迎接最可爱的人——中国人民解放军第九兵团（以下简称九兵团）27 军 79 师 236 团 3 营的部队官兵。

当日 16 时左右，解放军主持召开了全镇群众大会，宣布南浔和平解放。当晚举行了军民大联欢，军乐、口号与掌声，响彻整个夜晚。枕水人家度过了一个不眠之夜。

两天后，华东新华广播电台报导了南浔和平解放的消息，并号召尚未解放的城镇，以南浔镇为榜样，争取和平解放，《新华日报》也登载了这个通讯。

5 月 5 日，九兵团司令部、政治部、兵直机关集结到南浔镇。5 月 7 日，周恩来同志发出指示，要求前线部队全力保护嘉业藏书楼。南浔的众多文物，因此得到了完好保护。

5 月 9 日，九兵团在南浔召开兵团党委扩大会议，团以上干部出席。这次重要会议，史称“兵团南浔会议”。会议传达了中央军委、总前委和三野前委的指示，统一攻占上海作战指导思想，并对攻占上海的任务作了充分部署。

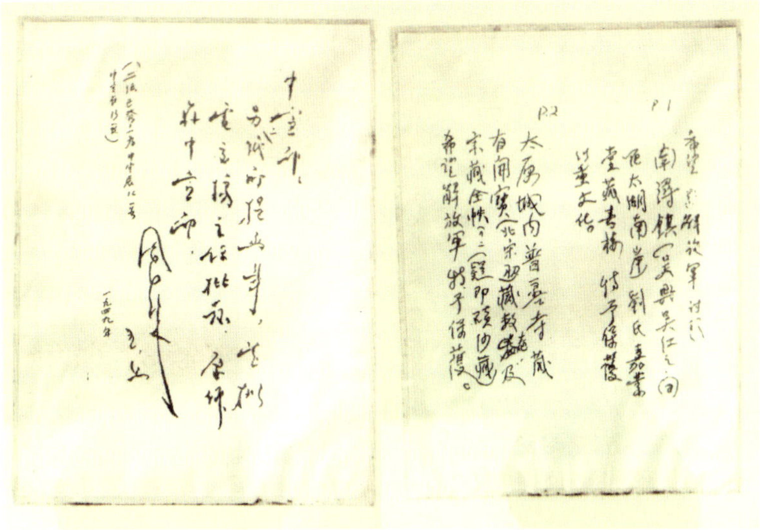

图 9-17　周恩来同志批示保护嘉业堂

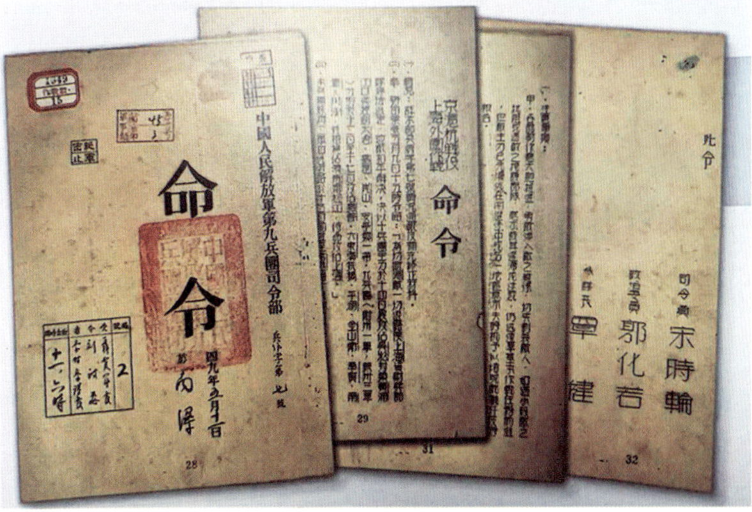

图 9-18　攻占上海的作战命令

5 月 11 日，九兵团司令部在南浔对所属各军（20 军、27 军、30 军、31 军）下达上海外围作战命令。解放上海的号角，即将斗志昂扬地吹响了。

斗转星移、沧海桑田，南浔的人文景观在现代化建设的滚滚浪潮中保存至今，同时在各个领域发生了翻天覆地的变化。

“两弹一星”功勋奖章获得者、火箭技术和结构强度专家、中国科学院院士屠守锷，船舶工程专家、中国导弹驱逐舰之父、中国工程院院士潘镜芙……众多的南浔儿女，为国家的繁荣昌盛贡献着自己的智慧与力量。

桨声欸乃，魂牵梦萦。一千七百多年的运河光阴，见证了一个纯粹的江南。远近相宜、浓淡恰好，这是南浔质朴的心扉。

盛世荣光，风华绝代。南浔在建镇近八百年的大雅年华里，用最美的织物——辑里湖丝，为世人奉献了一份挚爱。

国门敞开，中西贯通。南浔人海纳百川、奋发进取，兴家报国、忧国忧民，倾尽所有而承担起了对国家的一份责任。

凤凰涅槃，丹凤朝阳。时代的契机再次眷顾之时，南浔人再次展现出壮阔雄浑的气魄，这是追风逐日的天下意志。

时光知味，岁月沉香。水晶晶南浔，是中国江南市镇的一个辉煌缩影，也是一段启迪后世的华彩乐章。她更是一个民族的文化乡愁，让中华文明屹立在世界之巅。

十二圩两淮盐务总栈考

文 | 仪征市政府办公室　巫晨

十二圩两淮盐务总栈是清政府于同治十二年（1873）在仪征十二圩设置的管理两淮盐务的重要机构，虽是两淮都转盐运使司的派出机构，但其内设部门庞杂，管理职能众多，考证研究这个机构，能进一步了解两淮盐务的运转环节，厘清官商分工协作机制，进而对清末民初食盐专营制度加深认识和理解。

淮盐总栈的设立

仪征由于地处运河入江的关键位置，自唐宋以来，成为漕盐转运的重要枢纽城市，历代朝廷都在仪征设置专司漕盐的衙门和官吏，唐乾元年间开始设扬子巡院，乾符后改为发运使司。五代时置转运司，北宋在仪征（时为真州）设江淮置制发运司、榷货务、巡院，南宋还建有盐仓，元代设批验盐引所，明代正统三年（1438）在仪征设御史监察署，整个

图 10–1　两淮盐务总栈门厅，额“东南利浦”为曾国藩所题，联“积雪中春飞霜暑路，洗兵海岛刷马江洲”为张之洞所撰，现为仪征市文物保护单位（巫晨 / 摄）

明代还在仪征设批验盐引所、盐法道、督捆厅、巡检司，清代在雍正十年（1732）之前亦将两淮巡盐御史衙署设在仪征天池，整个清代还在仪征设有监掣同知署、批验所、搜盐厅、江掣厅、盐厅。乾隆时期是两淮盐运的全盛时代，仪征出江口之一的沙漫洲“是时盐纲皆直达，东自泰州，西极于汉阳，转运半天下焉，惟仪征绾其口。列樯蔽空，束江而立。望之隐若城廓”[1]。

道光十年（1830），清政府明确两淮盐务归两江总督管理，并调力主改革的陶澍为两江总督，实行废引改票新政，为避免波动过大影响盐税，先在体量较小的淮北试行，

[1] 巫晨：《阮元仪征事》，广陵书社 2015 年版，第 67 页。

且在淮北49个行盐州县中，选择“运销极滞”的汝阳、亳州、邳州等29个州县先行试点，改革的效果非常显著，盐价降低、盐质纯净、运销顺畅、课额增加，所以道光十三年（1833）又在全淮北推行。

由于废引改票在淮北的成功，道光二十九年（1849），两江总督陆建瀛请求仿淮北之成例，在淮南实行票法。道光三十年（1850）陆建瀛已有了在仪征建立盐栈的设想。十月，陆建瀛奏曰，“拟仿淮北西坝办法，于仪征解捆处所设立栈房”。十二月再奏，“臣接准部咨以仪征设立栈房……伏查淮北票盐在清河县西坝地方设立盐栈，本系外办章程，臣前奏淮南仿照办理，拟于仪征新设，以避内河之行滞，便各商之运销”。

淮南仪征栈房的操作程序，基本仿照淮北清河西坝，然而并没有实际运转。咸丰三年（1853），太平军攻占南京，陆建瀛阵亡，扬州府城、仪征县城也被攻克，其后七年，双方拉锯，扬州、仪征多次易手，运司迁往泰州，仪征盐运已无从谈起。

咸丰七年（1857）五月，署理两淮都转盐运使郭沛霖具报，淮南盐道未清，收税日拙，目前救急之法，唯有泰州设立官栈，商贩纳税，运盐入栈……[1] 可见直至咸丰七年五月，泰州盐栈尚未建立。

咸丰七年（1857）七月，署理两淮都转盐运使乔松年、前江苏布政史联英共同上报，拟在泰州设立总局，并有章程八条。

咸丰九年（1859）七月，署理两淮都转盐运使联英禀

[1]（清）王定安、曾国荃：《两淮盐法志·卷四十六》，光绪三十一年金陵刊本，第3页。

报，为防止小商贩直接向灶户收盐，仿照从前仪栈之式，在泰州设立公栈，令场商各将存储在海边当地盐垣的淮盐运至十二圩盐栈来堆储，“由栈发贩，晓谕大小贩户，只准就栈买盐，不准下场请领。其栈务一切，责成商人经理，本司就近督办得以随时察核”。这个报告得到了两江总督何桂清的批准。可知泰州设立总栈是从咸丰九年七月后开始的，但这个公栈是商办官督的性质。

咸丰十年（1860）八月，两淮都转盐运使乔松年报告，自从咸丰七年（1857）在泰州设总局、咸丰九年（1859）设立总栈以来，盐运形势好转，但往来泰州人数既多、言语各异，恐有无业游民，借此勾引不法之徒混迹入内，稽查难周，不可不防。经查，发现这些盐船，上水赴仪征，下水赴小河，都是从口岸镇出江的，所以在口岸镇另设分栈很有必要。这个报告得到了署理两江总督薛焕的批准。

同治四年（1865），太平天国战争结束，为了恢复经济、方便盐运，两江总督曾国藩，准备将淮盐总栈由泰兴口岸迁回仪征，无奈由于十多年的战乱，仪征县城一片焦土、满目疮痍，原来用于停泊、掣验盐船的天池和运盐河出江口均已淤塞，两淮都转盐运使方浚颐云，“昔日仪征捆盐，水大则在泗源沟，水平则在鱼尾，水枯涸则在老虎泾，三变三迁，年年如是。至聚泊屯船之所名曰天池，淤垫已久”[1]，无法恢复昔日功能，最终将淮盐总栈改设到瓜洲六濠口，曾国藩还为瓜洲盐栈题联：

两点金焦，劫后山容申旧好；

[1]（清）王定安、曾国荃：《两淮盐法志·卷四十七》，光绪三十一年金陵刊本，第2页。

万家食货，舟中水调似承平。[1]

根据《瓜洲设栈章程》第二条规定，瓜洲总栈为官办性质，委派大员经理，这是官办淮盐总栈之始。

淮盐总栈的迁移

瓜洲总栈的好景不长，同治九年（1870）瓜洲发生坍江，是年十一月，方浚颐鉴于“瓜洲坍塌业已迫不及待”，建议移栈仪征，但不是原来的天池，而是天池以东十余里的十二圩。他列举了仪征十二圩的优势：

其岸临夹江则在泗源沟口以下十余里，猫儿颈口以上数里，南有礼祀、世业两洲为屏障，江面较狭，江船椗泊风浪不惊，江岸保障，全圩地踞高阜，土埂炼实，无淹漫之患，无塌卸之虞，岸势平直，东西长五里，南北距半里许，使移栈仓工作之居绰乎有余，其背面洲港年久淤浅，疏之则可与旧港河通，若挑仪河使屯驳出卧虎闸，东折而趋于此，就其港而扩为坞，依其埂而用为浦，过抬而上江驳，由江驳篙桨之力即送江船，至为捷近，江船起运且可省数十里逆流之力。[2]

同治十一年（1872）八月，瓜洲淮盐总栈总办薛苏常紧急报告：栈西栅栏前外埂、栈前大埂五十余丈塌陷入江，深三四丈，形如壁立，栈署照壁墙倒塌，院内天井、巡

[1] 胡君复：《古今联语汇选·第五册》，西苑出版社2002年版，第272页。

[2]（清）王定安、曾国荃：《两淮盐法志·卷四十七》，光绪三十一年金陵刊本，第1页。

勇房、救生局等多处墙壁出现裂缝，其势万难持久，已当即督令各场商，将在仓在堆之盐，不分昼夜抢运上船或移赴河北暂行屯储；巡勇房等二十多间建筑紧急拆除，木石砖瓦运至关帝庙，相关人员也到关帝庙暂栖。他建议上级按去年勘定的地段尽快决策。

同治十一年（1872）十一月，署理两江总督张树声在两淮盐运使司和瓜洲淮盐总栈关于迁栈一事的报告中批示：自以改复仪征故道为是。

同治十二年（1873）四月，两江总督李宗羲在回奏上谕“有人奏淮南拟改盐栈，累商滋弊，请旨饬停，著李宗羲妥为筹度等因，钦此”一折时写道：

查淮南引盐旧制，本在仪征开江，军兴后停运日久，该处河道淤塞。同治四年前，督臣曾国藩整顿南鹾，议设盐栈，维时臣正在两淮运司任内，随同经理，因仪河兴挑筹款非易，暂于瓜洲之六濠口地方设栈售盐，原系权宜之计……兹于四月初四日由江宁起程，前赴瓜洲、仪征一带，督同运司方浚颐等，周历江干，逐加勘验，于初七日回宁，乃知瓜栈有不能不迁之势，仪征有必须改复之理。[1]

[1]（清）王定安、曾国荃：《两淮盐法志·卷四十七》，光绪三十一年金陵刊本，第13页。

李宗羲在回奏上陈述“瓜栈不能不迁”的道理：

瓜栈逼西江堤，经江潮冲刷，同治七八年间已闲有坍塌，随时修补，九年九月间水势已落，突然塌去四十余丈，居民铺户共陷一百三十余家，情形危险，然离栈尚有五十余丈也。彼时曾国藩复任两江即有迁栈之意……臣此次往勘，目击栈内地基已多开有裂缝，栈前江船亦少抛锚之地，万难持久，此瓜栈屡次坍塌，不能不迁之实在情形也。[1]

[1]（清）王定安、曾国荃：《两淮盐法志·卷四十七》，光绪三十一年金陵刊本，第13页。

李宗羲在回奏上陈述“必须改复仪征”的理由：

改栈之议，各商意见不同，有请改至泰州者，有请改至仪征者，有请改至利运桥及校场地方者，均经何璟（同治十年署理两江总督）指陈利弊，批交运司及瓜栈委员查勘妥议。前署督臣张树声到任后，遇有商禀亦从未有不批之件，案卷具在，历历可稽。旋据运司方浚颐、瓜栈委员候补道薛书常会详移栈利运桥等处揆之情势，室疑多端，体察全局，拟以迁还仪征为正策。张树声详加采访，以主迁仪征者十之九，主迁别处者十之一……惟有仪征十二圩地方锚地绵亘，局势宏厂，是移设盐栈无有善于此者，此仪征故道必须改复之实在情形也。

李宗羲此文中还有一条重要信息：

查同治九年（1870），曾国藩曾批商禀，谓场商则意在改泰，运商则意在改仪，两说兼衡，自以改复仪征旧制为正办等语，是曾国藩首主迁仪，益服老成远见。[2]

[2]（清）王定安、曾国荃：《两淮盐法志·卷四十七》，光绪三十一年金陵刊本，第14页。

由此可见，将总栈迁往仪征，曾国藩在同治九年就提出来了。

仪征江边被勘定设栈的地方，位于仪征县东南十余里普新洲上的十二圩，这里濒临夹江，平衍广阔，南岸系礼祀洲，水势回环，形如偃月，锚地有二十里之遥，委实藏风聚气。

同治十二年（1873）二月初十，十二圩总栈及周边河道疏浚工程开工，方浚颐、薛苏常负责筹款，历办河工的候补道程国熙负责勘估，候补道张富年负责工程进度，因时间紧迫，调用了军队，驻扎在扬州的庆字营、驻扎在南京的合字营的官兵参与了工程建设，关键河道挑浚工程于三月二十九日完工，栈前开坞工程“业已结半”，兴挑仪河、筑栈、开坞等工程费用，只花费九万余两。其间张树声曾到现场视察，李宗羲到任后，亲赴工程各段逐一丈量宽深，确保“丈尺均尚如式”。

同治十二年（1873）十月十五日，是运司选定搬家的吉日，方浚颐和薛苏常认为，原来盐栈设在瓜洲，叫“瓜洲淮盐总栈”，现在迁移到了十二圩，地属仪征，距离瓜洲已远，应该改名为“仪征淮盐总栈”，以期名实相符。南掣、批验两个衙门，楚盐、西盐两个查仓局，江防巡检兵弁，随同总栈一起迁往十二圩。

“仪征淮盐总栈”是刚开始迁移到仪征后使用的名字，光绪中期两江总督刘坤一来视察，更名为“十二圩两淮盐务总栈”，清末民初又更名为“两淮盐务扬子总栈”。[1]

淮盐总栈最终落户十二圩，是因其江岸、港口、运河等有独特的地理优势，由曾国藩首议，张树声实施，李宗羲完成。

[1] 薛平等：《滨江名镇盐都十二圩》，广陵书社2007年版，第63页。

淮盐总栈的周边

十二圩淮盐总栈官署建在十二圩圩身之上，坐北朝南，面对坞河，官署门前有码头，面对坞河上的浮桥，坞河南岸有盐仓，盐仓南面就是大江。以下是《光绪两淮盐法志》给出的《栈浦合图》，在给出《栈浦合图》的同时，还有关于此图的解说《栈浦合图说》，解读为：

仪征的圩区地处长江岸滩，地势低洼，但是淮盐总栈官署，选址在地势较高和干爽的地方，官署西侧的南北向河道，是古珠金沙河的延伸，就叫盐河，该河向北经新城卧虎闸与仪扬运河相连，南段在官署西拐弯向东是为引河，引河从官署门前流过，直到大门东边两百多步，通到东仓后面。这条引河是为了方便从运河过来的盐船停泊卸货进仓用的，同

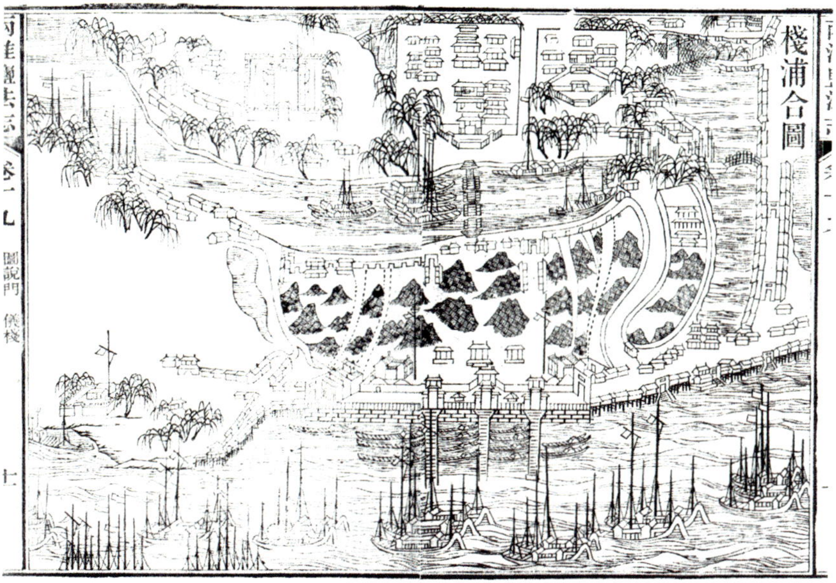

图 10-2　栈浦合图（《光绪两淮盐法志》）

图 10-3　卧虎亭位于仪征市十二圩与新城之间的珠金沙河之滨（珠金沙河为运河从新城、旧港、十二圩入江的通道，卧虎闸为运河与珠金沙河的连接节点。巫晨 / 摄）

时也方便江船从仓南面直接上货入江，所以这条引河又叫作坞河。

坞河的北岸是淮盐总栈官署，南岸是盐仓，盐仓南面是一条新埂，一字长蛇阵东西向展开，临江正好用来建码头。江边竖起三座牌坊，中间是中门，左右是东西盐仓，在中门内的左右两侧，还竖立了旗杆。每座门前都建有栈道直通江心，方便江船停靠。

从江边到总栈，中间隔着坞河河道，为了方便工作，在中门后的坞河上设置了浮桥，河面很宽，有二十七丈。浮桥使用了六艘桥船，首尾衔接，桥船的两边设有栏杆，过船时浮桥打开，过人时浮桥封闭，官员从盐栈来江边工作，渡河越埂入江，一气呵成，方便快捷。

由淮盐总栈、坞河、浮桥、盐仓、牌坊、码头、栈桥组合起来的栈浦地区，构成一个整体大单位，牌坊是总大门，从码头进入牌坊中门，就像是大单位的正道，整个规制看起来宏伟壮观。

淮盐总栈的官署

淮盐总栈官署是一个封闭式的大院，有照壁、围墙，七进、五路，计有房屋一百八十一间。以下是《光绪两淮盐法志》给出的《淮盐总栈图》，在给出《淮盐总栈图》的同时，还有关于此图的解说《淮盐总栈图说》，解读为：

仪征之所以成为淮盐总栈的所在地，可以追溯到同治四年，两江总督曾国藩曾将盐栈设置在瓜洲，委派了大员和其下大小官员，服务于盐运商贩，正常运行了一段时间。同治九年时，瓜洲盐栈的西北岸被江水侵蚀，到同治十一年八月发生大规模崩塌，不得已将盐堆移放到泰州，同治十二年十月，新的盐栈终于建成，这才迁移到此。

新的盐栈位于仪征县的十二圩，从仪征县城的东门出发很快就能到达。

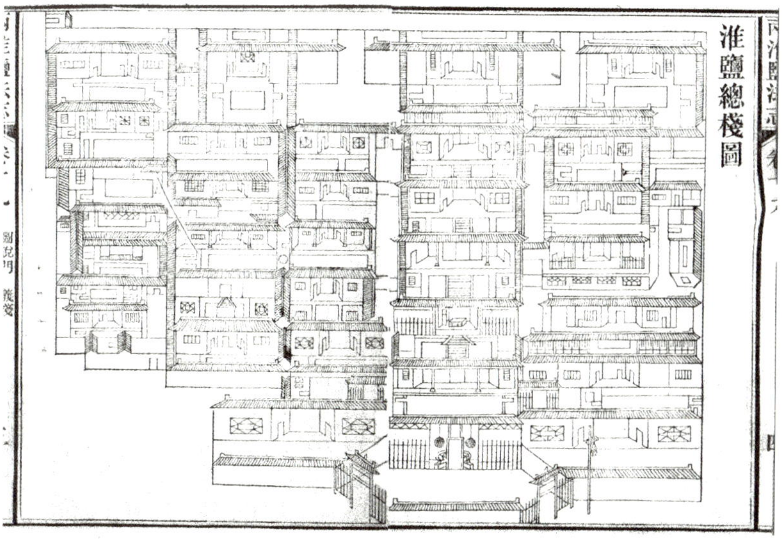

图 10-4 淮盐总栈图（《光绪两淮盐法志》）

新栈官署有七进房子，每进正房都是三开间，并且都有左右厢房，共四十间。东侧前面是盐捕营房，在仪门的外面。仪门里面有望江楼，后面还有东花厅、厨房及余屋，东侧这一路也是七进，中间有分隔，大小房屋四十七间。西侧前面为巡勇房，后面有六进。西侧这一路的西面（姑且称为西二）也有一路正房，六进，是作筹房用的，掌管盐斤进出统计征费的工作人员就住在这里。西二的西侧还有一路正房，五进，后面还有更棚，再往后就是内宅，这一路除了一些办公用房，其余都是幕友、官员和办事人员居住的。西侧三路共有房屋九十四间，整个淮盐总栈合计房屋共一百八十一间。

淮盐总栈的搬迁准备工作早在同治九年（1870）就开始着手了，曾国藩亲笔题写了“东南利浦”四个大字，两淮盐务总栈建成后，制成匾额，悬挂在总栈大堂上。光绪年间，刘坤一两度担任两江总督兼两淮盐政，并到十二圩视察，题有“东南尽美”，其匾悬于总栈二堂之上。

十二圩淮盐总栈有一副对联：积雪中春飞霜暑路，洗兵海岛刷马江洲。

光绪二十八年（1902），张之洞署理两江总督期间，整饬盐纲，奏派蒯光典（李鸿章外甥、光绪九年进士）担任淮盐总栈总办，给他增派兵力，配备轮船，用以实力缉私，还亲赴十二圩听取汇报、了解形势。因曾国藩曾经在瓜洲盐栈题过联，张之洞便在十二圩盐栈也效仿一下，他先选了个上联——“积雪中春，飞霜暑路”，这是个集句联，取南齐张融《海赋》中的一句，描绘的是煮海成盐的场景。张之洞命蒯光典、黄绍箕（张之洞侄女婿、光绪六年进士）对下联。蒯光典回去后左思右想对不上来，就叫手下人帮忙，找出东晋郭璞《江赋》之“总括汉泗，兼包淮湘”一句做下联，这是赞美长江包容并蓄、气势磅礴的句子，蒯光典觉得很好，向张之洞汇报，张不满意，自己找了句更合适的下联：“洗兵海岛，刷马江洲”。这是西晋左思《魏都赋》中描写曹操讨灭群雄、威震寰宇的气势的句子。[1]

“积雪中春飞霜暑路，洗兵海岛刷马江洲”这副对联，由名人集名著之名句而就，用在十二圩淮盐总栈，恰到好处。

[1] 徐珂：《清稗类钞·第三册·吏治类》，中华书局1984年版，第1202页。

淮盐总栈的历官

十二圩淮盐总栈的主管官员称为总办，开办初期由知府级别的官员调任，开办后定以江苏候补道员为之，其职责是确保两淮盐斤正常运转。淮南二十场所产之盐，经运河直至总栈，储于栈仓，而淮北所产之盐则经海轮运达，亦储入栈仓。来自湖北、湖南、江西、安徽的江船在十二圩外江停泊，等候开掣后驳船将仓盐运上江船，直发扬子四岸。总办的级别为四品，比仪征知县的级别高，所以新任知县到任后，都会去拜访总办，这种做法一直延续到民国时期。

历届淮盐总栈总办表

时间	姓名	籍贯
同治四年（瓜）	程国熙	安徽
同治八年（瓜、仪）	薛苏常	河南
同治十二年	庞际云	直隶宁津
光绪三年	徐文达	安徽南陵
光绪七年	黄祖络	江西卢陵
光绪八年	周崇传	甘肃
光绪九年	李家骅	湖南长沙
光绪十年	杨钟琛	江西

续表

时间	姓名	籍贯
光绪十二年	吴敬嵗	江西
光绪十四年	冯帮棣	湖南
光绪十六年	凌荫亭	湖南善化
光绪二十九年	蒯光典	安徽合肥
宣统年间	李瑕一	安徽合肥
洪宪元年	刘原道	安徽巢县
民国年间	余贤跃	浙江
民国年间	叶希贤	湖北
民国年间	沈本强	浙江

注：上表中光绪十六年之前资料取自《光绪两淮盐法志》[1]，其后资料取自《滨江名镇：盐都十二圩》[2]。

本节选取两位总办，小传如下：

冯帮棣，字杰卿，湖南人，咸丰初投效军营，同治三年随曾国荃攻克金陵，后又随左宗棠陕甘剿回，光绪十四年（1888）十一月，被任命为仪栈总办，光绪十六年（1890）十一月卸任。

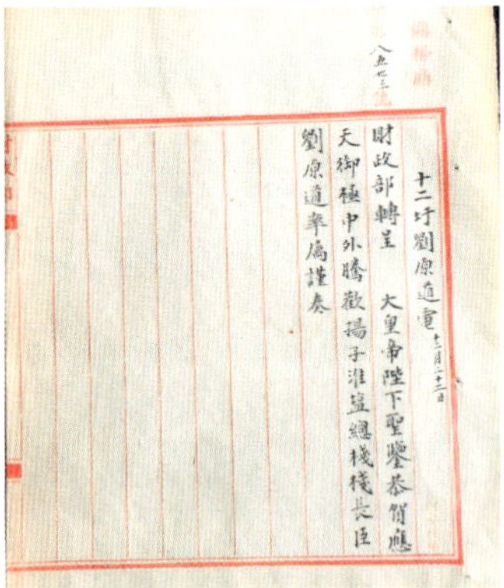
十二圩劉原道電 十二月二十二日
財政部轉呈 大皇帝陛下聖鑒恭賀應
天御極中外騰歡揚子淮鹽總棧棧長臣
劉原道率屬謹奏

图 10-5 洪宪刘原道贺电

冯帮棣到任后除弊革新。淮北到盐往往短缺，皆以船身渗漏为借口，冯则派人严加查验，

[1]（清）王定安、曾国荃：《两淮盐法志·卷一百三十六》，光绪三十一年金陵刊本，第 317 页。

[2] 薛平等：《滨江名镇：盐都十二圩》，广陵书社 2007 年版，第 64 页。

堵塞了少盐之弊；十二圩盐船云集，店铺鳞次栉比，船工运夫住简陋芦席棚，火灾经常发生，冯创立水龙局，从上海购回数台洋水龙，大大减少了火灾；遇有灾民，则分发钱物，不使饿冻；赈济粥厂秩序混乱，饥民挤踏，冯亲自勘验重选场地并加强管理，使饥民人人得食；自捐养廉银购买民房作为同善堂（慈善机构）办事场所，再捐官俸作为慈善固定资金；整顿保甲制度，经常亲自参加巡夜，严管斗殴滋事。光绪十五年（1889）九月，《申报》连登两天《冯观察德政颂》，报道他的先进事迹。

蒯光典（1857—1910），字礼卿，合肥人，光绪九年（1883）进士。二十五年赴盐城丈量旧盐场苇荡。二十六年任淮北督销局督办。二十八年建议张之洞整顿盐课以增加税收。张接受建议，上《整顿淮盐积弊折》，同时上《派蒯光典管理仪栈片》，推荐他出任仪栈总办。光绪二十九年（1903）初，蒯光典走马上任，三十二年卸职。

蒯光典新官上任后狠抓缉私，以打击长江大股盐枭为重点，带动内河管理，收效显著，当年仪栈实现过掣五十余万引，比往年增加十多万引，两江总督魏光焘对蒯光典评语，“才识闳远、力果心精，盐务尤为熟悉，为两江不可多得之员”。蒯抓禁赌也不遗余力，赌徒扬言要对其家眷不利，蒯即将家眷移住扬州；在任期间还主持过十二圩盐河疏浚工程，创办学堂及工厂。

蒯光典卸职后，曾任欧洲留学生监督、京师督学局长，宣统二年赴南洋提调劝业会。他是晚清名宦，《清史稿》有传。[1]

[1]《盐文化的当代启示——2015年扬州盐文化论坛文集》，广陵书社2016年版，第102页。

淮盐总栈的内设

淮盐总栈是管理两淮盐务和湘鄂西皖（扬子四岸）盐运工作的一个庞大的衙门，下设多个机构（不同时期有所增减）：

1. 淮南监掣同知署。负责核验运商申报承运承销的引盐票证、纳税是否相符，掣放手续是否完备，合格则批准掣放盐斤。运商凭掣放证件向淮盐总栈申请发筹，凭筹在场内开堆放盐。

下面是《光绪两淮盐法志》给出的《淮南监掣同知署图》，相应地也有《淮南监掣同知署图说》，解读为：

淮南监掣同知这个职位，是雍正十三年（1735）设置的，当时租用民房办公和居住。乾隆十七年（1752），淮南监掣同知李璋，打报告要求

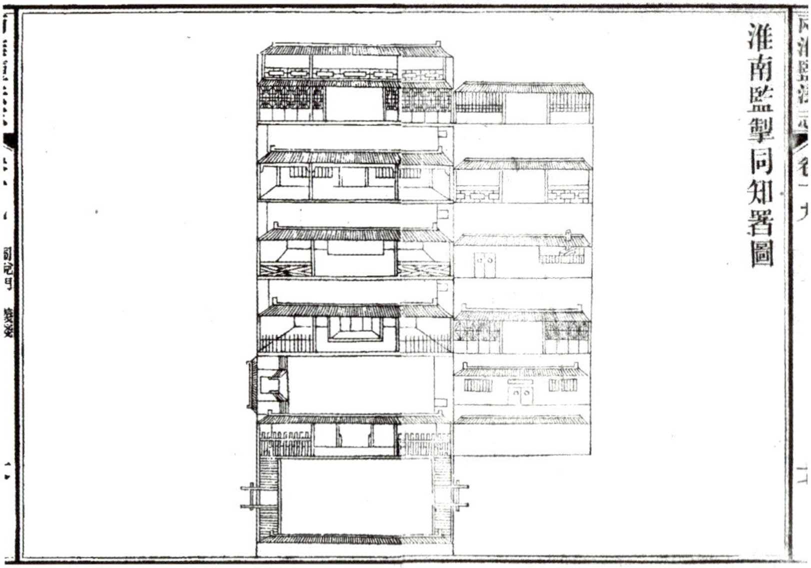

图 10-6 《淮南监掣同知署图》(《光绪两淮盐法志》)

将已经裁撤的卫署作为监掣官员的办公地（查《道光重修仪征县志》卷二建置志官署，监掣同知署，在县治东南，旧卫治也。乾隆十五年，裁仪征卫守备，以其署为监掣官公馆）。乾隆二十五年（1760），监掣官由委派署理改为正式任命（查《道光重修仪征县志》职官表，张永贵，正白旗汉军，举人，同知实缺，是年始），这里就正式成为淮南监掣同知署。咸丰年间，监掣同知署毁于太平天国战争。同治十二年（1873），两淮盐运业务改在了十二圩，所以就在十二圩新建了淮南监掣同知署。

新的淮南监掣同知署，有照壁墙一座，照壁墙后面用木栅栏做两侧围墙并留有东西栅门各一，官署大门朝南，三间开间，后面的大堂二堂也是三开间，大堂的东边有专门的会客室，会客室的后面是厨房，二堂后面还有三间宿舍。宿舍正房的东侧还有两排六间宿舍，宿舍正房的后面是三开间的小楼。

2. 淮南盐引批验所。负责稽核发盐数字和凭运商证、票、筹的数字批验。未经批验盐斤不得出场，以杜筹数两不相符，防止走漏税收。

下面是《光绪两淮盐法志》给出的《淮南批验大使署图》，相应地也有《淮南批验大使署图说》，解读为：

淮南盐引批验所，过去在仪征南门外，后来因为倒塌了，淮南盐引批验所就迁移到已经空置的两淮盐漕察院内办公，太平天国战争后，官署被焚毁无存。同治十二年（1873），两淮盐运业务改在了仪征东门外的十二圩，淮南盐引批验所也就在十二圩重建，位置就选在淮南监掣同知署内空余的地方。

新的淮南盐引批验所，大门朝东，门里有一照壁墙，照壁墙后面有一排工作人员宿舍，五间。工作人员宿舍、照壁墙和大堂二堂等，都是朝南的。大堂为三开间，东边是会客的场所，二堂也是三开间，东边是厨房，后面是宿舍，再后面是小楼，都是三开间，在宿舍和小楼东面，也

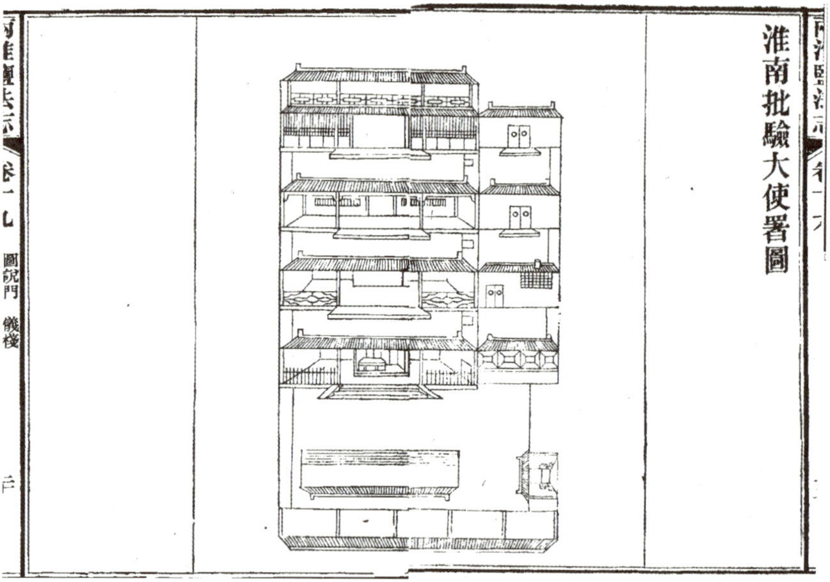

图 10-7 《淮南批验大使署图》(《光绪两淮盐法志》)

各有一间小屋。

3. 楚盐、西盐查仓局。这是两个查仓局，分别负责北盐和南盐。运商在扬州买卖盐斤和纳税手续完毕取得运使署证件后，一面向监掣同知署申请掣放，一面雇江船准备装运。查仓局负责查验空仓是否与承运之盐斤相称，待装齐后还需核验实仓是否与应装数字相符，然后封仓盖印，填发仓口单，江船凭查验单申请批准行程期限才能开航。

4. 总栈浦委厅。该厅系瓜栈迁圩后设立，负责两淮盐斤进出场一切事物管理，监督场浦各职司工种是否尽到职能，检查各水陆工种是否按质量完成任务，违章违规者均由浦委厅按情节轻重给予处罚，或停工，或罚款，或笞杖不等。

5. 盐务警察总局。总局直接管辖街市及场区的三个行政区，即中区、西区和东区，总局内设水陆两个巡防缉私营，既承担治安防卫任务，又查缉私盐。管辖范围东至瓜洲，西至大河口。巡防缉私营后改名为税警大队。

6. 毛盐局。负责回收盐包上下装卸过程中漏撒的盐斤（日有几千斤之数），加工淘洗，雇工百余人。此局是清末民初由盐商出资添设的机构，名为官办，实为商办。

随着清政府以盐税为担保向西方列强大量贷款，西方列强也在十二圩派员稽核盐税。

进入民国以后，随着社会的变迁，十二圩淮盐总栈下设的各个机构也在不断地调整，有的裁撤，有的合并，有的名称变更、职责变动。

图 10-8　位于十二圩镇龙江巷内的华洋旅社旧址（晚清及民国时期，有洋人常住在此，监管盐税用于庚子赔款。章士钊大律师曾入住，为十二圩盐帮争取权益）（巫晨 / 摄）

民国二十六年（1937），财政部在扬州设立“两淮盐务稽核分所”，在十二圩设立“稽核支所”，将扬子总栈并入稽核支所内办公，名为并入，实为撤销。

扬子总栈并入稽核支所后，十二圩地方管辖即移交给仪征县政府，随即在十二圩成立了“第三区公所”，并划分为七个镇、八个乡，各自还成立了镇公所和乡公所。

七个镇为：西坞镇、丰畅镇、永衡镇、益隆镇、幸福镇、博爱镇、芦隐镇。

八个乡为：补薪乡、河西乡、旧港乡、三乙乡、双桥乡、沙河乡、黄泥乡、安徽大岸（世业洲）。随后又扩展为十三个乡、十四个镇。

淮盐总栈的落幕

盐税收入历来是古代主要财政收入来源之一，仅次于田赋。清末盐税每年约4500万两，占预算总收入的14.9%[1]。清初全国九个主要产盐区岁额行盐总数为540万引，而两淮盐产即达160万引，占31%，康熙年间全国盐课982万两，其中两淮盐课竟高达607万两，难怪清代首任两淮巡盐御史李发元在《盐院题名碑记》中说，“两淮税课当天下租庸之半，损益盈虚，动关国计”[2]。光绪年间十二圩鼎盛时期，掣验储运量为44.8万引，尽管比不上乾嘉时期仪征天池的134万引，但在晚清已是中兴景象了[3]。

作为两淮盐斤储运掣验之地，十二圩从一个寂寂无闻、史无所载的江边滩地，迅速发展成繁荣大镇，以每引8

[1] 萧承龄等：《中华民国工商税收史——盐税卷》，中国财政经济出版社1999年版，第17页。

[2] 吴家兴：《扬州古港史》，人民交通出版社1988年版，第132页。

[3] 杨正福：《扬州运河古镇》，广陵书社2017年版，第197页。

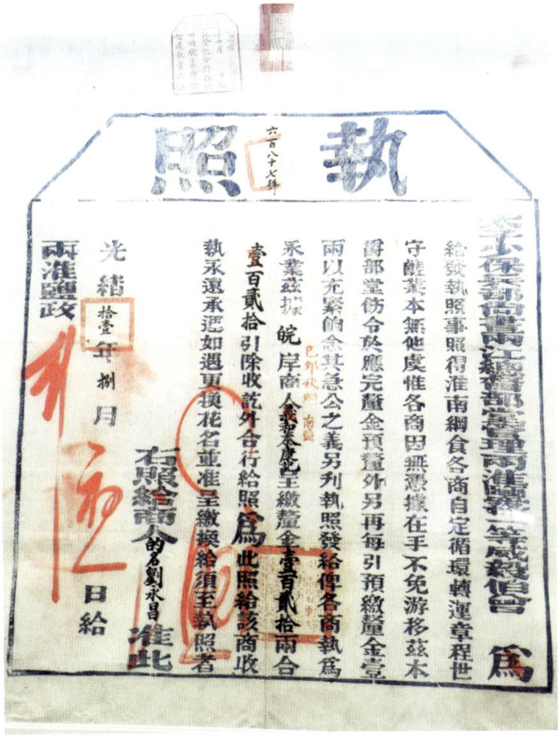

图 10-9　曾国荃批准的盐引执照

包、每包 86 斤计算[1]，十二圩港每年的盐运量当在 12 万—15 万吨[2]，其堆场面积达 300 亩，正常停泊在十二圩江面的盐船达 2000 多艘，镇市有五华里长的商业街，注册商铺 400 余家，全镇人口达 15 万人[3]。

十二圩淮盐总栈在确保盐运正常运转的同时，还举办了不少社会事业，如设立官医局、红十字会、新式公共厕所、义渡（救生），兴办了“两淮盐务扬子完全小学”等七所小学和几所扫盲普及成人教育的“平民学校”，特别值

❶（清）王定安、曾国荃：《两淮盐法志·卷一百三十八》，光绪三十一年金陵刊本，第 13 页。

❷ 杨正福：《扬州运河古镇》，广陵书社 2017 年版，第 198 页。

❸ 吴家兴：《扬州古港史》，人民交通出版社 1988 年版，第 156 页。

图 10-10　旧时十二圩有大型装卸机械和众多江船，此为淮盐上江船老照片

图 10-11　栈桥铁轨老照片

得一提的是，兴办了“两淮盐务扬子初级中学”，延请名师，颇出人才，江上青先生亦曾在此任教。

1920 年，北洋政府提出帆运（江船）效率太低，要逐步提高轮船运输份额，因局势多变未及实施，国民政府 1930 年再提轮运计划，1932 年出台新盐法，遭到十二圩广大从业人员抵制，出动江船拦截运盐轮船，到设在镇江的江苏省政府和南京国民政府请愿，迫使国民政府财政部于 1934 年重新修订政策，轰动全国。尽管如此，盐运业务已是江河日下。

1937 年 8 月，按江苏省政府要求，十二圩在三天内调集 200 多艘江船，开赴龙潭装满块石水泥，驶往江阴要塞凿沉，以堵塞航道阻挡日舰入江。在安徽的 200 多艘十二圩江船也被征集并效法，凿沉在马当要塞，江船损失金额超过 1000 万银元。虽然此举对阻止日寇入侵并未取得什么效果，但十二圩人民为抗战做出的巨大牺牲，可歌可泣。

1937 年 11 月下旬日寇占领十二圩，淮盐总栈终结了 64 年的运作，一个甲子的辉煌归于沉寂。

图 10-12　仪征博物馆藏十二圩砝部石砣（巫晨 / 摄）

在仪征博物馆，藏有从十二圩两淮盐务总栈旧址收集来的“砝部石陀”，石陀上刻有“砝部”“校准”“光绪戊申年春造”等字，这是个官砝，是总栈衙门用于校准的衡器，是十二圩盐运繁盛的历史见证。

今天，十二圩淮盐总栈旧址是扬子中学。仪征市政府在这里复建了总栈的门厅，设立了江上青烈士事迹陈列馆，十二圩办事处在这里新建了盐文化馆。

士人交游与嘉道时期长沙府人才群体的形成

文 | 中国社会科学院中国历史研究院 湖南科技大学 王毓伟
成都市武侯区第五幼儿园 彭露

嘉道时期，清朝战事不断，镇压农民起义，抗击列强入侵，陷入连续征战的怪圈中。在多米诺骨牌效应下，清朝财政压力大增，朝廷对地方的管控逐渐失去效力，吏治更加腐败，人才断层现象明显。嘉庆帝和道光帝有心治国，但回天无力，国运并未因他们的勤政而好转。在“中衰”的背景下，深受经世致用思想影响的湖南士大夫自觉地承担起“为天地立志，为生民立道，为去圣继绝学，为万世开太平”[1]的责任。在朝堂上，湘籍官员逐渐受到重用，一股湖湘力量悄然形成。在此过程中，湖南人才高度集中于长沙府，长沙府出现了一个联系紧密的人才群体。

[1]（宋）张载：《张载集》，章锡琛点校，中华书局1978年版，第320页。

志同道合者众。面对嘉道时期的社会危机，湖南士人重拾起古代儒家尊崇道统、以“道”为本的传统，显露出“重道轻势”的群体学术特征。[1]此时期湖南士人的交往是平等的，不论在朝在野、官位尊卑、长幼齿序，但凡志向相投，即有相见恨晚之感。湖南出现此种士风，与陶澍、贺长龄这两位嘉道时期士人群体中的领袖人物有极大关系。

图 11-1　陶澍画像

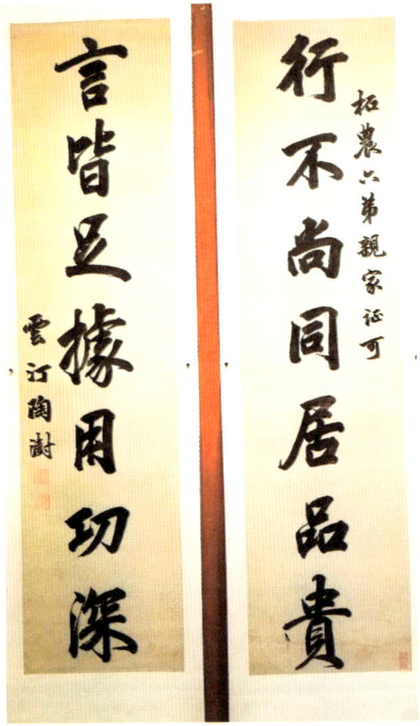

图 11-2　陶澍《行书七言联》（湖南省博物馆藏）

一方面，陶澍和贺长龄的相知相交，为湖南士人交游提供了范式。陶、贺二人都受业于岳麓书院，同师从罗典，学识、思想有一定的相似性。二人先后中进士，同在京为官，后又同任官江苏。在长期的交往中，世家出身、兄弟同进士

[1] 胡忆红：《晚清湖南理学群体的道统意识与批判精神》，《船山学刊》2018年第2期。

的贺长龄对寒门出身的陶澍未有鄙夷之情，后来官位隆厚的陶澍对名禄稍逊的贺长龄也未有轻视之感，二人成为莫逆之交，对彼此的学问和人品十分推崇。陶澍曾言："（贺长龄之言）大有资于身心、政事，时悬座阳，以当箴铭也。"[1] 陶、贺二人晚年各自督抚一方，时常书信往来，但多是讨论学问、交谈为政为人心得，并不涉及党同伐异之事。陶、贺以纯粹之心交友的方式，实际上也是他们和同时代的邓显鹤、何凌汉、蔡用锡、汤鹏等人结交，以及后来曾国藩、左宗棠、胡林翼、郭嵩焘、刘蓉、罗泽南、江忠源、刘长佑、欧阳兆熊等人相遇相知的缩影。

另一方面，陶澍、贺长龄惟德才是论，不拘一格地同后辈交往，使得湖湘士人更加注重精神交友。陶澍、贺长龄同左宗棠、胡林翼、曾国藩等后辈交往时，不以官爵、辈分自重，善于发现后辈的长处，并给予他们足够的尊重。陶澍在胡林翼 7 岁时即招其为东床快婿，在他人称胡林翼为纨绔公子时，依然相信胡林翼能名震天下，最终胡林翼在陶澍教导下成为一代名臣。陶澍、贺长龄对左宗棠更是礼待有加，左宗棠终身未中进士，但才学甚高，人品亦为湖南士林称道。道光十年（1830）时，贺长龄丁忧在家，左宗棠上门求教，贺长龄亲自为左宗棠取书指导，还不时同左宗棠探讨学问。道光十七年（1837），时任两江总督的陶澍回乡，与一介布衣的左宗棠结为忘年之交。曾国藩虽未曾见过陶澍，但与贺长龄关系较佳。曾国藩家为寒门，本人又不善钻营，经济上时常处于困难状态。贺长龄见曾国藩窘困，曾给予过他经济上的帮助。"今年（道光二十

[1]（清）陶澍：《陶澍全集》之六《文集》，岳麓书社 2010 年版，第 421 页。

二年（1840）冬间，贺藕耕先生寄三十金。”[1] 除经济帮助外，贺长龄还时常同曾国藩书信往来，同曾国藩论学讲道，互相启发。同陶澍、贺长龄的交往经历，推动着曾国藩等人大胆地向唐鉴、汤鹏等人求教，并结成亦师亦友的关系。通过“以学交友”的方式，不仅两大人才群体的成员不断增加，而且两大人才群体建立起深厚的联系，紧密团结在一起，成为嘉道时期的一股重要力量。

[1]（清）曾国藩：《曾国藩全集（一）》，岳麓书社 1985 年版，第 219 页。

二

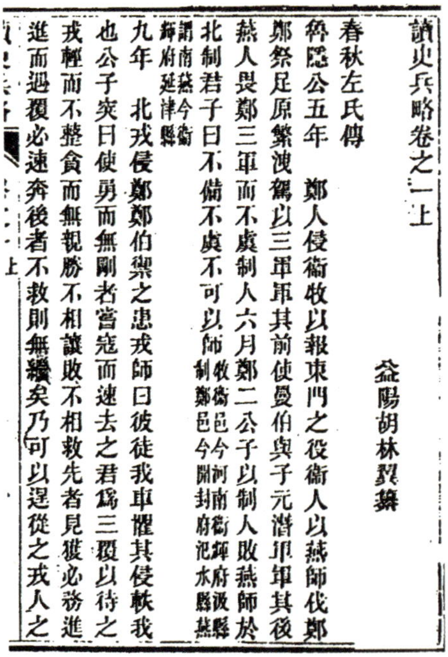
讀史兵略卷之一上
益陽胡林翼纂
春秋左氏傳
魯隱公五年　鄭人侵衛牧以報東門之役衛人以燕師伐鄭
鄭祭足原繁洩駕以三軍軍其前使曼伯與子元潛軍軍其後
燕人畏鄭三軍而不虞制人六月鄭二公子以制人敗燕師於
北制君子曰不備不虞不可以師 牧衛邑今河南衛輝府汲縣 制鄭邑今開封府汜水縣燕
謂南燕今衛輝府延津縣
九年　北戎侵鄭鄭伯禦之患戎師曰彼徒我車懼其侵軼我
也公子突曰使勇而無剛者嘗寇而速去之君爲三覆以待之
戎輕而不整貪而無親勝不相讓敗不相救先者見獲必務進
進而遇覆必速奔後者不救則無繼矣乃可以逞從之戎人之

图 11–3　胡林翼纂《读史兵略》书影

承家族之关联，成深厚之情谊。“世交”是人类情感中易取得信任的关系之一，也是易形成团体的方式之一。嘉道时期，部分湖湘士人之间有着这一种微妙的关系。

一则，“世交”使得士人关系更加紧密，惺惺相惜之感更加浓厚。如左宗棠之父左观澜与胡林翼之父胡达源同读书于岳麓书院，两人关系较佳。左宗棠与胡林翼本就脾性相投，加上父辈渊源，“一见定交，相得甚欢，每风雨起床，彻夜谈古今大政，论列得失，原始要终，若预知海内将乱者，辄相与欷歔太息，引为深忧"[1]。胡林翼在左宗棠未发迹之前，多次向人举荐左宗棠，直言他为"楚材第一"。左宗棠亦言："吾之立身行事，咏老知之最详，其重我非它人比也。"[2] 两人关系相较于与曾国藩的关系更佳，与"世交"有着一定的关系。

二则，"世交"使得后辈得到更多的提携。如李星沅的成长，便与陶澍有极大关系。李星沅之父李畴与陶澍相友善，但早逝。嘉庆二十四年（1819），陶澍调任川东兵备道，特聘李星沅这位故人之子为幕僚，多方栽培李星沅。李星沅进入仕途十年即成封疆大吏，与陶澍的教导和培养不无关系，李星沅亦终身对陶澍执"弟子礼"。魏源也因祖父、父亲的关系，而受陶澍知遇。陶澍之父陶必铨曾向魏源祖父魏志顺借银两，以周全陶澍读书、考试之资。陶澍任江苏巡抚时，魏源之父魏邦鲁为属下县令。凭借这两层关系，陶澍多次举荐魏源。魏源后在陶澍幕府供职十余年，协助陶澍在两江地区推行多项改革，在陶澍的重用下，才名为天下熟知。

除"世交"外，与一人交友即与一族交友也是嘉道时期士人交友的一大特色。如贺长龄、贺熙龄、贺桂龄三兄弟同进士，同学、朋友、门生、同事遍湖南，兄弟三人便互相引荐朋友，许多湖南士人因贺氏兄弟而互相熟络。曾国藩将其弟曾国荃推荐给刘蓉、罗泽南等人认识，并让曾国荃拜罗泽南为师。郭嵩焘将弟郭昆焘、郭仑焘介绍给曾国藩等人认识。让家中兄弟与友人相交，在某种程度上是对友人高度重视的体现，也进一步加强了士人间的联系。

[1]（清）梅英杰等撰：《湘军人物年谱（一）·胡林翼年谱》，岳麓书社1987年版，第201页。

[2]（清）左宗棠撰：《左宗棠全集·家书·诗文》，岳麓书社2014年版，第8页。

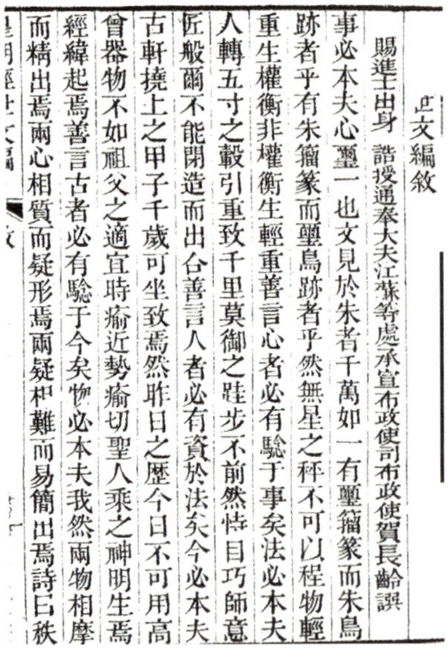

世文編敘
賜進士出身 誥授通奉大夫江蘇等處承宣布政使司布政使賀長齡譔
事必本夫心璽一也文見於朱者千萬如一有璽籀篆而朱鳥
跡者乎有朱籀篆而璽鳥跡者乎然無星之秤不可以程物輕
重生權衡非權衡生輕重善言心者必有驗于事矣法必本夫
人轉五寸之轂引重致千里莫御之跬步不前然恃目巧師意
匠般爾不能閉造而出合善言人者必有資於法矣今必本夫
古軒撓上之甲子千歲可坐致焉然昨日之歷今日不可用高
曾器物不如祖父之適宜時瘉近勢瘉切聖人乘之神明生焉
經緯起焉善言古者必有驗于今矣物必本夫我然兩物相摩
而精出焉兩心相質而疑形焉兩疑相難而易簡出焉詩曰秩

图 11-4 《皇朝经世文编》书影之一，署贺长龄辑，实魏源编

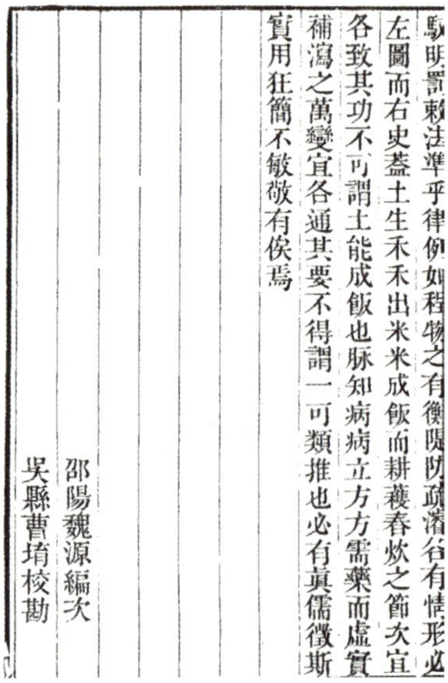

驗明罰勅法準乎律例如程物之有衡隄防疏瀹各有情形必
左圖而右史盍土生禾禾出米米成飯而耕穫舂炊之節次宜
各致其功不可謂土能成飯也脉知病病立方方需藥而虛實
補瀉之萬變宜各通其要不得謂一可類推也必有眞儒徵斯
實用狂簡不敏敬有俟焉
邵陽魏源編次
吳縣曹堉校勘

图 11-5 《皇朝经世文编》书影之二，署贺长龄辑，实魏源编

图 11-6 曾国藩出生地白玉堂（历图传承 / 摄）

图11-7　曾国藩故居富厚堂，又名毅勇侯第，是曾国藩的侯府（厉图传承 / 摄）

三

以血亲、姻亲为纽带，强化彼此关系。中国是“家族结构式的社会”，血亲关系和姻亲关系是中国传统社会最为重要的社会关系。[1] 兹将嘉道时期，湖南主要士人的血亲与姻亲关系[2]，列表如下：

❶ 厉震林编：《中国伶人家族文化研究》，文化艺术出版社2012年版，第62页。

❷ 笔者综合分析了嘉道时期湖南士人的科举功名、官职品衔、家族实力、文化影响力，选取了表中的人物作为嘉道时期湖南的主要士人。

嘉道时期湖南主要士人血亲与姻亲关系表

姓名	简介	血亲	姻亲
赵慎畛	常德府武陵县人，嘉庆元年（1796）进士，总督。	长子赵敦训，举人，道光二十六年（1846）曾任山西省黎城县知县。	
杨健	衡州府清泉县人，嘉庆元年（1796）进士，湖北巡抚。		
欧阳厚均	郴州安仁县人，嘉庆四年（1799）进士，岳麓书院山长。	长子欧阳嗣钦，太学生。	次子欧阳嗣望娶嘉庆四年进士（1799）方应纶（岳州府巴陵县人）次女；长女嫁李象鹄长子李家骐；次女嫁郑敦允；三女嫁嘉庆十六年（1811）武进士李陆师（长沙府长沙县人）之子李万里。
袁名曜	长沙府宁乡县人，嘉庆六年（1801）进士，岳麓书院山长。	同族袁汝嵩，嘉庆二十二年（1817）进士，知县。	子袁汝滋娶乾隆十年（1745）进士刘元熙（长沙府湘潭县人）孙女。
聂镐敏	衡州府衡山县人，嘉庆六年（1801）进士，安徽学政。	祖父聂焘，乾隆四年（1739）进士，知县；弟聂铣敏，嘉庆十年（1805）进士，四川学政；弟聂钰敏，道光五年（1825）举人，知县。	聂铣敏长女嫁道光三年（1823）进士熊光大（永州府零陵县人）；聂铣敏长子聂有湖娶陶澍之女陶琅姿；聂钰敏次女嫁给嘉庆六年（1801）进士余正焕（长沙府长沙县人）三子。
陶澍	长沙府安化县人，嘉庆七年（1802）进士，总督。		女陶瑞姿嫁周系英三子周贻朴；女陶佥姿嫁嘉庆十四年（1809）进士彭永思（长沙府长沙县人）子彭申甫；女陶媜姿嫁贺熙龄长子贺珏；女陶琇姿嫁胡林翼；女陶璊姿嫁嘉庆二十五年（1820）进士陈岱霖（长沙府善化县人）长子陈彬绶（陈彬绶后于咸丰六年即1856年中进士）；女陶诠姿许配与郑敦允次子，但未嫁即夭；女陶琅姿嫁聂铣敏长子聂有湖；子陶桄娶左宗棠长女左孝瑜。

续表

姓名	简介	血亲	姻亲
何凌汉	永州府道州人，嘉庆十年（1805）探花，尚书。	长子何绍基，道光十六年（1836）进士，学政，岳麓书院山长；三子何绍祺，道光十四年（1834）举人，浙江道员；四子何绍京，道光十九年（1839）举人，湖北候选道员。	次子何绍业娶李象鹍长女；何绍基之子何庆涵娶李星沅长女李楣；何绍祺子何庆熙娶贺熙龄孙女。
贺长龄	长沙府善化县人，嘉庆十三年（1808）进士，总督。	弟贺熙龄，嘉庆十九年（1814）进士，湖北学政，城南书院山长；弟贺桂龄，道光二十七年（1847）进士。	贺长龄长女嫁嘉庆二十二年（1817）状元吴其濬（河南省固始县人，总督）之子吴元禧；贺长龄幼女嫁曾国藩之子曾纪泽；贺长龄之子贺诒令娶丁善庆女；贺熙龄长子贺珏娶陶澍之女陶媜姿；贺熙龄次子贺瑗娶唐鉴之女；贺熙龄六女嫁左宗棠长子左孝威；贺熙龄还有一女嫁郑敦允之子郑先朴；贺熙龄孙女嫁何凌汉之孙何庆熙；贺桂龄次年嫁胡林翼堂弟胡杏翼；贺寿龄长女嫁道光十二年（1832）进士劳崇光（长沙府善化县人）。
唐鉴	长沙府善化县人，嘉庆十四年（1809）进士，江宁布政使，太常寺卿。	父唐仲冕，乾隆五十八年（1793）进士，署理巡抚。	唐鉴之女嫁贺熙龄次子贺瑗。
李象鹍	长沙府长沙县人，嘉庆十四年（1809）进士，贵州布政使。	兄李象鹄，嘉庆四年（1799）进士，翰林院编修；同族李象溥，嘉庆十年（1805）进士，知县。	李象鹄长子李家骐娶欧阳厚均长女；李象鹍长女嫁何绍业。

续表

姓名	简介	血亲	姻亲
周树槐	长沙府长沙县人，嘉庆十六年（1811）进士，知县。	同族兄弟周树棠，道光二年（1822）进士，知县；族叔周有簠，道光十三年（1833）进士，知府；族侄周玉麒，道光二十四年（1844）进士；族侄周寿昌，道光二十五年（1845）进士；族侄周道治，道光二十七年（1847）进士。	
郑敦允	长沙府长沙县人，嘉庆十九年（1814）进士，襄阳知府。	族叔郑世俊，嘉庆十三年（1808）进士，知州；弟郑敦亮，道光三年（1823）进士，同知；族弟郑敦谨，道光十五年进士（1835），尚书。	郑敦允娶欧阳厚均次女；郑敦允三子郑先朴娶贺熙龄之女；郑先朴之子郑业敦娶唐鉴侄孙女；郑先朴之女嫁嘉庆二十二年（1817）进士黄德濂（长沙府安化县人）之孙黄自元（后中同治七年即1868年榜眼）。
郭汪璨	长沙府湘潭县人，嘉庆十九年（1814）进士，知县。	子郭如翰，道光三年（1823）进士，知州。	郭如翰娶周系培之女；郭汪璨之女郭润玉嫁李星沅；郭如翰之女郭秉慧嫁李星沅长子李杭。
胡达源	长沙府益阳县人，嘉庆二十四年（1819）探花，少詹事。	子胡林翼，道光十六年（1836）进士，湖北巡抚；胡林翼收养一女胡端仪，生父为夏恒，道光九年（1829）进士，吏部主事。	胡林翼娶陶澍之女陶琇姿；胡达源女胡同芝嫁左宗棠之兄左宗植的长子左澄；胡端仪嫁道光十五年（1835）进士周振之（长沙府益阳县人）之侄周开铭（后中同治四年即1865年进士）。
谢兴峣	长沙府湘乡县人，嘉庆二十四年（1819）进士，知府。	父谢振定，乾隆四十五年（1780）进士，御史；侄谢邦鉴，道光二十五年（1845）进士，知县；同族兄弟谢兴宗，道光二年（1822）进士，知县。	

续表

姓名	简介	血亲	姻亲
常大淳	衡州府衡阳县人，道光三年（1823）进士，巡抚。	父常英瑚，嘉庆十四年（1809）进士，中进士不久即卒。	
丁善庆	衡州府清泉县人，道光三年（1823）进士，岳麓书院山长。	外祖父刘权之，乾隆二十五年（1760）进士，体仁阁大学士。	丁善庆女嫁贺长龄之子贺诒令。
罗绕典	长沙府安化县人，道光九年（1829）进士，道光二十九年（1849）官湖北巡抚。		
李星沅	长沙府湘阴县人，道光十二年（1832）进士，总督。	长子李杭，道光二十四年（1844）进士，翰林院编修。	李星沅岳父为郭汪璨；李杭娶郭如翰之女郭秉慧；次子李概娶道光二年（1822）进士汤鹏（长沙府益阳县人）之女；三子李桓娶嘉庆十四年（1809）进士周鸣銮（山东单县人）之女；四子李榛与道光九年（1829）进士彭舒萼（长沙府长沙县人）之女定亲，但彭舒萼之女未嫁即卒；李星沅长女李楣嫁何绍基之子何庆涵。
曾国藩	长沙府湘乡县人，道光十八年（1838）进士，道光二十七年（1847）加礼部侍郎衔。		长子曾纪泽娶贺长龄之女；长女曾纪静嫁道光二十五年（1845）进士袁芳瑛（长沙府湘潭县人，舅父为嘉庆十三年即1808年探花石承藻）之子袁秉桢；次女曾纪耀嫁道光十八年（1838）进士陈源兖（长沙府茶陵州人）之子陈松年；三女曾纪琛嫁罗泽南（长沙府湘乡县人）之子罗允吉；四女嫁道光二十七年（1847）进士郭嵩焘（长沙府湘阴县人）之子郭依永。

续表

姓名	简介	血亲	姻亲
魏源	宝庆府邵阳县人，道光二十五年（1845）进士，知州。		魏源女魏秀均嫁道光九年（1829）进士陈起诗（郴州人）长子陈善圻。
左宗棠	长沙府湘阴县人，道光十二年（1832）举人，道光年间曾任渌江书院山长。	次兄左宗植，道光十二年（1832）乡试解元，内阁中书。	左宗棠娶湘潭方上周氏周系舆之女周诒端；左宗棠长女左孝瑜嫁陶澍子陶桄；左宗棠长子左孝威娶贺熙龄六女；左宗植长子左澄娶胡达源女胡同芝。
湘潭方上周氏		周系英，乾隆五十八年进士，侍郎。	周系英三子周贻朴娶陶澍女陶瑞姿；周系舆长女周诒端嫁左宗棠；周系舆次女周诒端嫁湘潭望族两湖张氏的张声玠；周系培之女嫁郭如翰；周系蔚之女周絜嫁湘潭望族鼓磉洲罗氏的罗汝怀。

（根据这些士人的家谱、年谱、传纪等资料，整理得到此表）

上表虽非全面、细致，但可看出，嘉道时期血亲和姻亲为一些看似毫无瓜葛的湖湘士人建构起了紧密联系，也使得一些本就熟络的湖湘人士关系更进一步，甚至可以说，湖湘地区具有较大影响力的士人已经被紧紧地捆绑在一起了。表中的人物大部分都有着长沙府籍，很多家族世代联姻，这背后隐藏的超强凝聚力不言自明。

综上所述，嘉道时期，湖南士人群体在共同的文化追求下，在以孔孟程朱之道来解决中衰危机、稳固“道统”的理想下，由同学、同乡发展为密友。在朋友关系的基础上，一些士人间还有着“世交”甚至血亲和姻亲关系。这些关系，使得湖南士人成为一个休戚相关的群体。因这个群体中既有主政一方的督抚大臣、影响朝政的中枢要员，也有掌握道

图 11-8　岳麓书院（刘克明 / 摄）

德话语权的理学家，所以它的社会影响力被极大地放大。这个人才群体带着深深的“岳麓书院”和“长沙府”两种印记，所以，可以更进一步地概括为长沙府人才群体。

中國國家歷史

图书在版编目（CIP）数据

中国国家历史 . 贰拾柒 / 刘军主编 . — 北京 : 东方出版社，2022.2

ISBN 978-7-5207-2541-5

Ⅰ . ①中… Ⅱ . ①刘… Ⅲ . ①中国历史—研究—丛刊 Ⅳ . ① K207-55

中国版本图书馆 CIP 数据核字（2021）第 249093 号

中国国家历史（贰拾柒）

ZHONGGUO GUOJIA LISHI（ER SHI QI）

主　　编： 刘　军

策划单位： 南京师大智库联盟教育科技有限公司
南京师范大学文化产业研究发展中心

策划编辑： 李　斌

责任编辑： 肖　刚　张晓雪

出　　版： 东方出版社

发　　行： 人民东方出版传媒有限公司

地　　址： 北京市西城区北三环中路 6 号

邮　　编： 100120

印　　刷： 河北环京美印刷有限公司

版　　次： 2022 年 2 月第 1 版

印　　次： 2022 年 2 月第 1 次印刷

开　　本： 787 毫米 ×1092 毫米　1/16

印　　张： 13

字　　数： 163 千字

书　　号： ISBN 978-7-5207-2541-5

定　　价： 58.00 元

发行电话：（010）85924738

紅色歷程